Eduard von Hartmann

Gesammelte philosophische Abhandlungen zur Philosophie des Unbewussten

Eduard von Hartmann

Gesammelte philosophische Abhandlungen zur Philosophie des Unbewussten

ISBN/EAN: 9783744657716

Hergestellt in Europa, USA, Kanada, Australien, Japan

Cover: Foto ©Thomas Meinert / pixelio.de

Weitere Bücher finden Sie auf **www.hansebooks.com**

Gesammelte

Philosophische Abhandlungen

zur

Philosophie des Unbewussten

von

E. v. Hartmann.

Inhalt.

Vorwort.

Auf mehrseitig ausgesprochenen Wunsch übergebe ich hiermit eine Zusammenstellung der in Zeitschriften bereits früher von mir veröffentlichten philosophischen Abhandlungen, ausschliesslich derjenigen, welche den Charakter von Recensionen oder Erwiderungen tragen. Von den vorliegenden Arbeiten ist No. V in der „Zeitschrift für Philosophie und philosophischer Kritik" (Halle bei Pfeffer), No. VI in der Münchener „Walhalla", alle übrigen in Bergmann's „Philosophischen Monatsheften" (Berlin bei O. Löwenstein) erschienen.

Was das Verhältniss dieser monographischen Studien zur „Philosophie des Unbewussten" betrifft, so sind dieselben dazu bestimmt, einzelne Punkte derselben näher zu erläutern, und namentlich geschichtliche Anknüpfungen und Auseinandersetzungen in eingehenderer Weise zu bieten, als die Oekonomie jenes Werkes es gestattet hätte. No. I behandelt die Aufgabe und Methode der Philosophie im Allgemeinen mit besonderer Beziehung auf die moderne Naturwissenschaft, schliesst sich also an „Einleitendes" Cap. I a und b an. Die formelle Behandlung erklärt sich daraus, dass diese Skizze ursprünglich mit der Absicht entworfen war, in einer populären Zeitschrift gedruckt zu werden, in einer solchen aber keine Aufnahme finden konnte. Vor No. II hätte eigentlich die Abhandlung „Schellings positive Philosophie als Einheit von Hegel und Schopenhauer" ihre Stelle finden müssen, da dieselbe mit No. II und III ein eng verbundenes Kleeblatt bildet, insofern in diesen drei Studien die drei Culminationspunkte der bisherigen Entwickelung der Geschichte der Phi-

losophie durch immanente Kritik als in der „Philosophie des Unbewussten" die Erfüllung ihres innersten Strebens findend nachgewiesen werden. Da aber die Schrift über Schelling schon vor
zwei Jahren als besondere Brochure (Berlin bei Otto Löwenstein)
erschienen war, so musste hiervon Abstand genommen werden.
No. II und III ergänzen die „Phil. d. Unb." hauptsächlich in
„Einleitendes" Cap. I c (Vorgänger) und Abschn. C. Cap. XIV 1
(Rückblick auf frühere Philosophen) dienen aber auch mehreren
anderen Stellen zur Ausführung, an welchen z. Th. die Verweisung
auf sie vermerkt ist. Der Artikel über Hegel erschien im August-
heft 1870, also in dem Monat des Hegeljubiläums. No. IV
schliesst sich in der ersten Hälfte unmittelbar an die Kritik Schopenhauer's in No. III an, während die zweite Hälfte durch die
darin gebotenen Argumente für die All-Einheit des Wesens zu
No. V hinüberleitet. No. IV bezieht sich auf Abschn. C. Cap. XII
(2tes und 3tes Stadium der Illusion) und XIII; No. V auf Abschn.
C. Cap. VII und einige andere Stellen; No. VI auf Abschn. A.
Cap. VIII; No. VII auf Abschn. C. Cap. V.

Der Verfasser.

Erste Abhandlung.

Naturforschung und Philosophie.

I.

Der Naturforscher an den Philosophen.

Nicht wenig überrascht und erstaunt war ich, als ich in der Zeitung von Dir ein philosophisches Werk angekündigt fand; ich wusste kaum, ob ich meinen Augen trauen sollte! Sage mir, was in aller Welt hat Dich so verwandeln können, dass Du unseren gemeinsamen Jugendzielen untreu geworden und Dich der grauen Theorie der unfruchtbaren Speculation in die Arme geworfen hast? Wenn Du Dich zur alleinseligmachenden Kirche bekehrt hättest und täglich zur Beichte gingest, so wollte ich denken, dass Dein von irgend einer Unthat belastetes Gewissen nach Absolution schreie, und wollte Deiner Schwachheit vergeben, aber dass Du Philosoph geworden, Du, einst der muntre Jüngling, der allen Musen huldigte und diente, das geht über meinen Horizont! Weisst Du nicht mehr, wie wir zusammen laborirten; um die Wette Erfindungen machten und uns um die Wette auslachten, wenn wir sahen, dass dieselben längst erfunden waren? Wie schöne Hoffnungen hatte ich auf Dich gesetzt, — und nun Philosoph! Und ohne mir in unserm vieljährigen Briefwechsel davon auch nur eine Andeutung zu geben! Weiss Gott, mich fasst ein tiefes Mitleid für Dich an! — Indessen verzweifle ich noch nicht an Dir; Du hast schon so manches angefangen, zu dem Du einiges Talent zu haben schienest, und es hernach doch wieder liegen lassen, dass ich hoffe, auch dies werde nur eine vorübergehende Phase sein, aus der Du möglichst bald wieder zu gesunderen Bestrebungen zurückkehrst.

Was kannst Du nur an der Philosophie finden, an dieser vorgeblichen Wissenschaft, die der Natur und dem Leben entfremdet ist, seitdem dasjenige, was sie in früheren Jahrhunderten existenzfähig machte, die Wissenschaft der Natur, von ihr losgetrennt zu einer selbstständigen Wissenschaft erstarkt ist? Nachdem dieser Quell des Lebens, dessen Pflege in der Kindheit der Völker die wahre Aufgabe und Berechtigung der Philosophie ausmachte, ihr abgeschnitten ist, ist sie theils in nebelhafte Träumereien zerflossen, theils in verknöcherten Abstractionen und Grübeleien beim Schein der Studirlampe erstarrt, eine aufgeblasene Doctrin, die vom grünen Tisch aus über die Natur und Welt absprechen, ja wohl gar sie construiren will, ohne sie nur recht zu kennen. Darum hat Göthe ganz recht, wenn er sagt:

> Ein Kerl, der speculirt,
> Ist wie ein Thier auf dürrer Haide
> Von einem bösen Geist im Kreis herumgeführt,
> Und rings umher liegt 'schöne grüne Weide.

Oder auch:

> Greift nur hinein ins volle Menschenleben!...
> Und wo ihr's packt, da ist's interessant.

Wie kann man sich aber für die Natur erwärmen, wenn man nicht mitten in sie hinein tritt? Es kommt mir vor, als wollte man sich in ein hübsches Mädchen auf eine Meile weit durchs Fernrohr verlieben! Und nun gar heutigen Tages, wo die fortwährenden unermesslichen Fortschritte der Naturwissenschaften zur emsigsten Forschung begeistern, wo die brennenden politischen und socialen Fragen die besten Kräfte zu ihrem Dienste anlocken!

Was kann es nutzloseres geben, als die Speculation! Der Streit um des Kaisers Bart kann nicht unfruchtbarer sein, als der um philosophische Probleme, da, wie auch die Entscheidung ausfalle, die Menschheit unverändert weiter lebt, während die scheinbar unbedeutendste naturwissenschaftliche Entdeckung entweder sofort und in directer Weise praktisch verwendbar ist, oder doch möglicherweise die unabsehbarsten praktischen Folgen nach sich ziehen kann. Unsere Wissenschaft von der Welt reicht so weit wie die naturwissenschaftliche Behandlung dessen, was wir von

ihr erfahren haben, und weiter kann sie niemals reichen. Der
Streit um philosophische Probleme ist also noch weit thörichter
als der um des Kaisers Bart; denn der erstere ist entweder schon
durch die Naturwissenschaft entschieden, oder wird bei späteren
Fortschritten der Naturwissenschaften und auf keine andere Weise
entschieden werden, oder seine Entscheidung geht überhaupt über
die Fähigkeiten des menschlichen Geistes hinaus. Ist man zweifelhaft, ob der zweite oder dritte Fall vorliege, so warte man die
Entscheidung ruhig ab; das einzige, was man zu ihrer Beschleunigung thun kann, ist, dass man rüstig mitarbeitet an der Förderung der Naturwissenschaften.

Am allerunangenehmsten aber ist mir die Philosophie darin,
dass sie, wenn Fragen, über die sie vorher im Finstern getappt
hat, endlich durch die Naturwissenschaft entschieden sind, sich
nunmehr das Ansehen giebt, als hätte sie das längst gewusst, und
a priori demonstrirt, warum es gar nicht anders sein kann. Wie
Göthe sagt:

> „Der Philosoph der tritt herein,
> Und beweist Euch, es müsst' so sein."

Der einzige Theil der frühern Philosophie, der als ein selbstständiger Zweig der Naturwissenschaft fortbestehen könnte, die
empirische Psychologie oder Naturwissenschaft des Geistes, hat
darum gar keine Aussichten, jemals zu gedeihen, weil in ihr wohl
für immer Maass und Waage fehlen wird, mit deren Anwendung
jede Wissenschaft erst anfängt exact zu werden, da erst durch
sie die Grundlagen für die Anwendung des mathematischen Calculs geschaffen werden.

Es ist bei dieser Bewandtniss der Sache kein Wunder, dass
die Philosophie niemals fortgeschritten ist, dass sich vielmehr die
Philosophen heute noch mit derselben Erfolglosigkeit um dieselben Probleme streiten, wie zu des Plato und Aristoteles Zeiten,
höchstens mit etwas anderen Phrasen und Stichworten, ja dass
die verschiedenen philosophischen Systeme sich wie eine Brut
Spinnen gegenseitig vom Erdboden zu vertilgen suchen Die Rich-
tigkeit aller dieser Behauptungen spiegelt sich in der allgemeinen
Gleichgültigkeit, ja man kann sagen Verachtung, wieder, mit welcher die Gegenwart die Philosophie betrachtet. —

Wir waren immer offen gegeneinander, und so wirst Du es

mir auch nicht übel nehmen, wenn ich Dir hier meine Meinung
über die Philosophie skizzirt habe, von der ich übrigens glaube,
dass Du sie noch von früher her kennen musst, und von der ich
bisher in der That wähnte, dass sie auch die Deinige sei. Ich
bin neugierig auf Deine Erwiderung, vor deren Empfang ich in
Dein Buch gewiss keinen Blick werfen werde.

II.
Der Philosoph an den Naturforscher.

Deine offenherzige Epistel hat mir viel Vergnügen gemacht,
zumal ich in derselben nicht sowohl den Ausdruck Deiner persönlichen Meinung, als vielmehr die Anschauungsweise der Mehr-
zahl der die heutige Bildung beherrschenden Naturforscher sehe,
und weil ich ihr selber sehr nahe stand, bevor ich mit Entschiedenheit meine jetzige Richtung einschlug.

Wenn ich bisher von dieser Wandelung zu Dir geschwiegen,
so war es, weil ich Deiner widerstrebenden Ansicht keine An-
griffspuncte gegen mich geben wollte, bevor ich Dir zugleich Resultate meines Strebens vorlegen konnte; jetzt aber, wo ich Dir
mein von Dir erwähntes Buch beifolgend zusende, glaube ich dem
Freunde eine Darlegung schuldig zu sein, wie sich mein jetziger
Standpunct zu dem seinigen verhält und durch welche Erwägungen ich zu demselben gelangt bin.

Um von vornherein einen Irrthum zu beseitigen, in welchem
Du befangen scheinst, bemerke ich, dass ich ebenso wenig wie
Du jene Philosophie im Allgemeinen billige, welche von der subli-
men Höhe der apriorischen Construction oder gar der absoluten
(dialektischen) Methode herab die empirische Erkenntniss der
Welt entbehren und dieselbe durch sich ersetzen zu können glaubt,
sich aber schliesslich in allem, was sie über die Natur vorbringt,
doch nur mit fremden Federn schmückt. Zum Entgelt wird freilich diese Philosophie mir bestreiten, dass das, was ich treibe,
Philosophie sei; indessen, was kommt auf den Namen an, wenn
nur die Sache an sich einen Werth hat. — Ich stehe also mit
Dir auf dem gemeinsamen Boden der Erfahrung als Ausgangs-
punct oder Basis, und der naturwissenschaftlich-inducti-
ven Methode als Mittel der Aufführung des Gebäudes und Du
wirst einer so fundirten Philosophie nicht mit Recht den Vorwurf der

Zurückziehung und der Entfremdung von der Natur und dem Leben machen können, da sie vielmehr die möglichst genaue Kenntniss dieser beiden zum Ausgangspuncte hat. Ich fordere von der Philosophie, dass sie kein naturwissenschaftlich sichergestelltes Resultat ignorire; noch weniger halte ich es für zulässig, einem solchen von apriorischen Erwägungen aus zu widersprechen, sondern ich erachte für geboten, dasselbe zu benutzen. Ich für mein Theil werde z. B. niemals die Thatsache anfechten, dass das Gehirn unerlässliche Bedingung des bewussten Geistes und die normale Beschaffenheit der Gehirnfunctionen Bedingung der normalen Beschaffenheit der bewussten Geistesfunctionen ist (vgl. Philosophie d. Unbewussten Kap. C. II.), was übrigens auch keiner der grossen Philosophen unseres Jahrhunderts bezweifelt hat. Dagegen verlange ich allerdings, dass aus den Thatsachen nicht leichtsinniger Weise mehr gefolgert werde, als in ihnen liegt, wie wenn z. B. aus der obenangeführten durch Verwechselung der Bedingung mit der vollständigen Ursache gefolgert wird, dass die Geistesthätigkeit ein ausschliessliches Erzeugniss der Hirnfunction sci. Nachdem ich Dir also gezeigt, dass unsere Standpuncte in Basis und Methode dieselben sind, will ich auf die Unterschiede derselben eingehen. —

Was ist denn an irgend einer beliebigen Wissenschaft das wahrhaft Interessante? Doch nicht der todte Stoff, das Material, mit dem sie sich beschäftigt, sondern das Gesetzmässige, welches sie an diesem Stoff, seiner Verbindung und dem Wechsel seiner Formen erkennt, der Grundplan, nach welchem die Beschaffenheit des Stoffes, die in ihm wirksamen Kräfte und die beiden innewohnenden Gesetze in eigenthümlicher Harmonie ineinandergreifen, — sei es, dass sie einem gemeinsamen Zwecke dienen (wie z. B. in der Sprache), sei es, dass sie aus gemeinsamer Nothwendigkeit entsprossen sind (wie z. B. in der Mathematik). Was hätte z. B. eine Vermehrung der Kenntniss durch Entdeckung einer neuen Infusorienart für eine rein wissenschaftliche Bedeutung, wenn sie sich nicht als ein neues Glied dem Organisationsplan des Thierreichs und speciell der betreffenden Klasse systematisch einordnete und diesen vervollständigen hälfe? Die Bereicherung an blossem Stoff des Wissens vermehrt nur die Kunde, aber nicht unmittelbar die Wissenschaft. Indem aber die Wis-

senschaft erst da anfängt, wo in den Beziehungen des Stoffs und
den allgemeinen in ihm wirkenden Kräften oder Momenten das
Gesetzmässige, Ordnungsmässige oder Planmässige, logisch oder
sachlich Nothwendige aufgesucht wird, zeigt sich eben, dass der
Stoff als solcher nicht den Gegenstand selbst der Wissenschaft
bildét, sondern nur die Unterlage derselben, dass aber der eigentliche Gegenstand der Wissenschaft dasjenige ist, was an den Beziehungen des Stoffes allgemein und vernünftig ist, während
alle Erscheinungen am Stoff, die wahrhaft einzelner Natur (sin-
gulär) und zufällig sind, sich der wissenschaftlichen Behandlung im strengeren Sinne entziehen, und höchstens in das
Gebiet des Wissens oder der Kunde gehören. Nur wenige Wissenschaften sind bis jetzt so weit fortgeschritten, um dies leicht
einsehen zu lassen, viele sind erst im Begriff sich aus dem Zustand der Kunde (z. B. Thierkunde, Pflanzenkunde, Erdkunde,
Himmelskunde, Sprachkunde, Geschichtskunde) zum Zustand der
Wissenschaft heraufzuarbeiten und sind in diesem Uebergange
mehr oder weniger weit gediehen. Daraus, dass der erstere der
nothwendige Durchgangspunct zum letzteren ist, und aus der Nothwendigkeit, die Bereicherung der Kunde, als einer unentbehrlichen
Grundlage zur Wissenschaft, auch fernerhin viele Kräfte zu widmen, ist es erklärlich, dass jene Auffassung der Wissenschaft bei
den mehr mit dem todten Stoff beschäftigten Forschern und Samm-
lern, die doch wissenschaftlich heissen wollen, auf Widerspruch
stösst, und dass man vorläufig dem Sprachgebrauch die Conces-
sion machen muss, manches Wissenschaft zu nennen, worin vorläufig noch bei weitem die Kunde überwiegt. Es ist keine Frage,
dass es Naturen giebt, denen das blosse Sammeln und Forschen
zur stofflichen Bereicherung der höchste Genuss ist, aber allen
rationeller und bedeutender veranlagten Köpfen wird an jeder
Wissenschaft der Stoff nur ein Ballast sein, den man nothgedrun-
gen wohl oder übel mit in den Kauf nehmen muss, das wahrhaft
Interessante hingegen wird ihnen das Reinwissenschaftliche daran
sein, was das Vernünftige oder Rationelle in der Anordnung
und den Beziehungen des Stoffes betrachtet. So wird das Inter-
essanteste an der Sprachwissenschaft, wenn man dieselbe rein
theoretisch (ohne Rücksicht auf praktischen Nutzen oder auf
den Inhalt der Literatur) treibt, die vergleichende Sprachforschung

sein, welche auf die allgemeinen G e s e t z e der S p r a c h b i l d u n g
und Sprach e n t w i c k e l u n g hinführt, — an der Zoologie und Bo-
tanik die Erkenntnise des einheitlichen Organisationsplans der
Lebewelt, und das Ineinandergreifen der verschiedenen Geschöpfe
zur Aufrechterhaltung des Naturhaushalts im Ganzen, — an der
Staatengetchichte nicht die Data als solche, sondern die Entwickelung des Ganzen und das wundersame Mitwirken der verschiedensten Zeiten zu dem gemeinsamen Ziel trotz aller scheinbaren
Rückschritte, — an der Anatomie und Physiologie das Verständniss des Haushalts im individuellen Organismus, wie in der Geologie und den einschlagenden Theilen der Physik, Chemie und
physikalischen Geographie das Verständniss der Entwickelung des
Erdkörpers und seines Haushalts. Weil eben das, was man gewöhnlich Wissenschaft nennt, noch so sehr ein Gemisch von
Kunde und Wissenschaft ist, so nennt man auch wohl das Reinwissenschaftliche daran: das P h i l o s o p h i s c h e an der Wissenschaft. Man spricht in diesem Sinne von einer Philosophie der
Geschichte, einer Philosophie des Rechts, einer Philosophie der
Kunst, der Religion u. s. w. (wobei nicht immer an willkürliche
Constructionen zu denken ist), und man kann mithin auch sagen,
dass das eigentlich Interessante an jeder Wissenschaft das Philosophische daran sei. Schon dies könnte darauf hindeuten, dass
es mit der Philosophie doch nicht eben gar so übel sein müsse.

Merkwürdigerweise aber wird dies Philosophische an den
Wissenschaften von den betreffenden Forschern (wenn man von
Köpfen ersten Ranges wie Newton, Huygbens, Euler, La Place
etc. absieht) gewöhnlich am wenigsten gepflegt, und die Naturwissenschaften dehnen sich in derselben Zeit unermesslich in die
Breite aus, wo sie nur unmerklich in die Tiefe wachsen. Dies
rührt daher, dass die moderne Naturwissenschaft ihre schnellen
Erfolge neben der Einführung von Maass und Waage wesentlich
dem Princip der Arbeitstheilung verdankt, so dass sich jede Wissenschaft in verschiedene Zweige und diese in unzählige Speciali-
täten spalten, deren jede zur Lebensaufgabe genügt. Daher kommt
es, dass heutzutage nur noch hervorragende Naturforscher eine
volle Detailkenntniss ihrer eigenen Wissenschaft, nur eminente
Köpfe eine durchgreifende Herrschaft über mehrere Wissenschaften besitzen, so dass nicht nur die Gesammtauffassung der eige-

nen Wissenschaft sondern auch Grenzberührungen und Beziehungen zu den Nachbarwissenschaften durch den minutiösen Gesichts-
kreis und den fast mikroskopischen Charakter der Forschung beeinträchtigt werden. Es ist kein Wunder, dass unter solchen Verhältnissen für die Auffassung der Wissenschaften von grossen Gesichtspunkten verhältnissmässig wenig geschieht, und characteristi-
scher Weise dies Wenige noch meist von solchen, die in Bezug
auf die betreffende Wissenschaft mehr oder minder Dilettanten
sind. Auch pflegen solche Leistungen, selbst wenn sie in ihrer
Art wirklich gut sind, von den Fachgelehrten wenig geschätzt zu
werden, weil sie das Specialfach nicht mit neuen Thatsachen
bereichern. Gleichwohl kann ihr reinwissenschaftlicher Werth
viel bedeutender sein, als der einer Menge von Fachschriften zu-
sammengenommen.

Wenn schon für den Gesammtüberblick Einer Wissenschaft
von den Specialgelehrten nicht viel zu erwarten ist, so noch viel
weniger für die organische Verbindung mehrerer zusammengehö-
riger Wissenschaften; und doch stehen viele derselben nach mannigfachen Richtungen in so intimen Wechselbeziehungen zu einander, dass das wahre Wesen der einen erst durch die Beziehungen zur andern verständlich wird. Was soll man aber gar erst
von einer organischen Einheit aller Wissenschaften sagen, die doch das nothwendige Ziel unseres Strebens ist; denn
es kann doch zuletzt nur Eine Wissenschaft sein, wie nur Eine
Welt und nur Ein Gott ist! Man wird sagen: „dies liegt noch
in weiter Ferne", — die volle Verwirklichung, ja; aber nicht das
Streben nach derselben, welches in stets wiederholten Versuchen
seinen Ausdruck finden muss, um die Specialwissenschaften, welche
zu einer stets zunehmenden Zersplitterung und Zerbröckelung nei-
gen, immer von Neuem an Zusammengehörigkeit zu mahnen, um
ihnen das einheitliche Ziel vorzuhalten, zu dem auch sie zuletzt
hinführen müssen und dessen stetes Vor-Augen-haben auch auf
sie anfeuernd und befruchtend wirkt. Dieses Streben nach der
Einen Wissenschaft, die (in Verbindung mit der Tugend) Weisheit heisst, ist Philosophie; zu der Philosophie verhalten sich
alle Wissenschaften (z. B. Astronomie, Geologie, Geographie, Mathematik, Physik, Chemie, Anatomie, Physiologie, Pathologie, Bo-
tanik, Zoologie, empirische Psychologie der Menschen, Thiere und

Pflanzen, Rechtslehre, Ethik, Aesthetik, Politik, Volkswirthschaftslehre, Socialwissenschaft und Geschichte) als Hülfswissenschaften;
sie schliesst keine aus, sondern jede ihrem Wesen nach ein,
sie würde nichts als die Einheit aller sein, wenn die einzelnen
ihr Ziel schon erreicht hätten; so aber, wo alle unvollkommen
sind und noch mehr oder weniger der Vereinigung widerstreben,
muss sie das Ziel aller, den gemeinsamen Einheitspunct, als Binde-
mittel benutzen, indem sie zeigt, wie alle diesem entgegenführen,
und jede es auf ihre Weise näher bestimmt. Die Philosophie
soll also nicht nur eine Quintessenz der Resultate und des Wesens aller Wissenschaften und ihrer gegenseitigen Beziehungen
sein, sondern vorläufig, so lange die Eine Wissenschaft noch Ideal
ist (und sie wird es mehr oder weniger immer bleiben), ist sie
auch eine Vermittlung zwischen dem gegenwärtigen Zustand des
Systems der Wissenschaften und dem gemeinsamen Ziel aller, und
in dieser Hinsicht, in so weit sie über den gegenwärtigen
Zustand des Inhalts der Specialwissenschaften hinausgeht, heisst
sie Metaphysik, und steht sie von allen selbstständig da.
Dieses Hinausgehen ist aber nicht so zu verstehen, als ob eine
neue Methode einträte, sondern mit der gewöhnlichen wissenschaftlichen Denkweise sollen nur die Gegenstände zu Ende
gedacht werden, welche die einzelnen Specialwissenschaften nur
deshalb sich weigern, zu Ende zu denken, weil sie damit schon
das beschränkte Gehege ihrer Specialität überschreiten würden; es soll also mit der bisherigen inductiven Methode der Inhalt der Specialwissenschaften zum allmäligen Aufsteigen zu dem
Einen Ziel benutzt und erweitert werden, — was freilich nur
möglich ist, wenn man dieses Ziel, was die Specialwissenschaften als solche eben nicht kennen, anderswoher kennt, um
nach ihm die Richtung des Weges hinzulenken. Es ist dies
etwa so zu denken, wie die Lösung einer geometrischen Aufgabe
aus den gegebenen Stücken: man kann im Besitz aller möglichen
mathematischen Kenntnisse sein, — ohne eine Inspiration von
Gottes Gnaden wird man ewig hilflos vor ihr dasitzen; gleichwohl führt man, wenn man die Pointe durch solche Inspiration
gefunden hat, die verlangte Contruction auf streng mathematischem
Wege aus. Solche Inspiration hat etwas entschieden Mystisches,
und so ist auch die Art, wie die Philosophie sich das Ziel vor

Augen stellt, nach welchem hin die Induction von den Specialwissenschaften aus geleitet werden muss, um zur letzten alles umfassenden Einheit zu kommen, eine durchaus mystische, ohne dass
die Leistungen der Philosophie mit der Unsicherheit dieser Mystik behaftet wären, so wenig wie die gewonnene Lösung der geometrischen Aufgabe darum unsicher ist, weil sie mit Hülfe einer
Inspiration gewonnen wurde; denn beide mystisch anticipirten
Lösungen werden nachträglich durch ihre strengen Methoden gerechtfertigt. —

Du wirst nun verstehen, warum ich Dir nicht beipflichten
kann, wenn Du meinst, dass man zur Entscheidung aller noch
ungelösten Probleme ruhig die Fortschritte der Naturwissenschaften abwarten müsse. Bei der diesen Specialwissenschaften innewohnenden Tendenz zur Verbreiterung und Detailausführung der
Erkenntniss würde man in Bezug auf die dem Menschen aller-
wichtigsten Probleme ewig umsonst warten, da der Moment der
Einswerdung aller Wissenschaften stets in unnahbarer Ferne liegen bleiben würde, wenn nicht die Philosophie immer von Neuem
auf diese Vereinigung hindrängte und auf den letzten Einheits-
punkt hinwiese, den sie auf mystischem Wege ahnungsvoll anti-
cipirt hat.

Dieses mystische Element in der Entstehung der Philosophie
ist ein Moment von höchster Wichtigkeit. Ihm allein ist die
Existenz einer Metaphysik, ist die Existenz einer über die Summe
der Resultate der Specialwissenschaften hinausgehenden Philosophie zu verdanken, in ihm allein und dem von ihm gesetzten Ein-
heitspunkt liegt die Uebereinstimmung der Philosophie mit einem
andern berechtigten Zweige des menschlichen Geisteslebens, der
nicht mehr Wissenschaft ist, mit der Religion. Die Philosophie
geht von der mystischen Conception zu dem wissenschaftlichen
Beweise derselben über, die Religion aber stützt dieselbe durch
die Autorität der göttlichen Offenbarung.

Wenn es auch wahr ist, dass die ersten Götter stets die
abergläubische Furcht der Menschen schuf, so würden doch unmöglich die Religionen zu allen Zeiten ein integrirender Bestand-
theil des Culturzustandes der Völker gewesen sein können, wenn
nicht ein tieferer Grund in der menschlichen Natur läge, welcher,
bei den Individuen als stärkere oder schwächere Anlage vorhan-

den und durch Erziehung zu verstärken oder abzuschwächen,
doch niemals ganz fehlend, die Religion aus einem Bedürfniss des
Kopfes und Herzens forderte. Ohne dieses natürliche Bedürfniss
wäre es unmöglich gewesen, dass überall eine Priesterkaste sich bil-
dete, welche die Religion als Erwerbsmittel ihres Lebensunterhalts
und ihrer Macht benutzte. Ja, was noch mehr sagen will, wo die auf-
geklärtesten Geister die fremde Autorität zu verwerfen und sich
auf die Kraft des eigenen Denkens zu verlassen den Muth hatten,
stellte sich bei ihnen allemal das Streben nach der philosophischen Erkenntniss eben desjenigen ein, was die Religion mit ihrem
Dogma abfertigt. Dieses Bedürfniss ist also der Religion und
Philosophie gemeinsam, und beide sind nur verschiedene Mittel
seiner Befriedigung nach Maassgabe der geistigen Productions-
kraft und Bildung. Wir können es mit Schopenhauer (vgl. dessen „Welt als Wille und Vorstellung" Bd. II, Kap. 17) das metaphysische Bedürfniss nennen.

Das Thier oder der Mensch im Zustande der Thierheit und
Kindheit nimmt die Existenz der Welt und seiner selbst für etwas
— als gegeben — sich von selbst Verstehendes, eben weil er
noch nicht darauf gekommen ist, über dieselbe zu reflectiren. Zu
dieser Reflexion führt ihn aber der Schmerz und das Uebel einerseits und die Vergeblichkeit seines Strebens angesichts des Todes
andererseits ziemlich früh, und mit dieser Reflexion stellt sich
auch sofort die Verwunderung ein, jener specifisch philosophische Affect, den man die Mutter der Philosophie nennen kann.
Die Existenz der Welt und seiner selbst stellt sich dem Menschen nun als Räthsel, als Problem dar, dessen sogar der Roheste und Beschränkteste in einzelnen helleren Augenblicken lebhaft inne wird, das aber die tiefer angelegten Köpfe mit Unterbrechungen ihr ganzes Leben lang beschäftigt. Der blosse Zu-
wachs an Bildungsstoff und empirischer Erkenntniss des Einzelnen wirkt, weit entfernt das Problem zu lösen, nur dahin, es klarer und deutlicher zu präcisiren, und es somit um so räthselhaf-
ter zu machen, wodurch es freilich indirect auch wieder der Lösung näher gerückt wird; diese selbst aber kann niemals aus der
zersplitterten empirischen Detailkenntniss hervorgehen, wenn nicht
Hülfen aus einer ganz andern Sphäre hinzutreten. Kein zur Reflexion erwachter Mensch kann sich dem metaphysischen Bedürf-

niss entziehen, keine Periode der Culturgeschichte hat sich der
Mitarbeitung an diesem grossen Räthsel des Daseins entschlagen
können, und selbst die moderne Naturforschung, welche die Metaphysik gern verläugnen möchte, hat an ihrem Materialismus auch
eine Metaphysik, wenn auch eine überaus dürftige und armselige.
Sie beweist aber damit, dass sie sich dem allgemeinen Gesetz
nicht entziehen kann, auch ihrerseits eine letzte Antwort geben
zu müssen, welche die Lösung jenes Problems bilden soll.
Es giebt allerdings einen Standpunkt des bornirten Dogma-
tismus, d. h. einen Standpunkt, der, ohne es beweisen oder begründen zu können, behauptet, dass die Lösung des Problems
für die geistigen Fähigkeiten des Menschen unmöglich sei. Ich
weiss in der That keinen Grund für diese Behauptung, denn der
andere (ebenfalls unrichtige) Satz, dass bis jetzt die Menschheit der Lösung nicht näher gekommen sei, kann doch nimmermehr für die Unmöglichkeit zeugen, dass die vollkommene Lösung
nicht in der nächsten Stunde gefunden werde. Viel rationeller
verhält sich der Skepticismus, der Standpunkt des vollkommenen
Zweifels, welcher sagt: wir wissen nicht, ob wir erkennen können oder nicht, d. h. wir haben zu der einen Annahme so wenig
Grund als zu der andern. Hier bleibt die Möglichkeit des Erkennens vollständig offen, ja es bleibt sogar bei dem conse-
quenten Skepticismus die Möglichkeit offen, dass die Zeit kommen kann, wo wir wissen, ob wir erkennen können oder nicht,
und warum das eine oder das andere. Auf diesem Standpunkt
bleibt es wenigstens dem persönlichen Belieben überlassen, den
Versuch des Erkennens auf die Gefahr des Fehlschlags hin zu
wagen. Mit diesem Standpunkt, obwohl ich ihn keineswegs für
den richtigen halte, lässt sich immerhin schon auskommen. Endlich giebt es aber auch noch einen Standpunkt, — man kann ihn
den des subjectiven Verstandeshochmuths nennen, — welcher das
Problem für so einfach hält, dass jeder Schuster mit seiner Lösung fertig wird. Dieser Standpunkt ist unter den halbgebilde-
ten Mittelklassen nicht gerade selten, und zeugt eben nur
davon, dass man sich nie die Mühe gegeben hat, die Tiefen des
Problems auszumessen. Diese Leute glauben so von Natur ge-
borene Philosophen zu sein, wie sich die meisten einbilden, von
Natur reiten, regieren und schauspielen zu können, bis sie sich

bei einem Versuch vom Gegentheil überzeugt haben. Mit dieser hochmüthigen Oberflächlichkeit, welche durch die bis aufs Aeusserste getriebene Verwässerung der Philosophie von Seiten der Aufklärungsperiode des vorigen Jahrhunderts begünstigt worden ist, ist schlechterdings nicht zu rechnen.

Einen Schuh auf den Werth und die Güte seiner Arbeit zu beurtheilen, bescheiden sie sich und überlassen es einem Schuster von Fach, aber über die Werke eines Genies, welches die Arbeitskraft seines Lebens der Philosophie gewidmet, trauen sie sich (auch ohne sie gelesen zu haben) ein unbedingtes . Urtheil zu, welches natürlich wegwerfend ausfällt, da sie mit denselben Problemen in der Stunde vor dem Nachmittagsschläfchen fertig geworden sind.

Der Standpunkt der modernen Naturforscher ist nicht ͜selten das wunderlichste, in sich unverträglichste Gemisch von materialistischer Metaphysik, dogmatischer Leugnung der Möglichkeit einer Metaphysik überhaupt und subjectivem Verstandeshochmuth, welcher die metaphysischen Probleme für Kinderspiel erklärt. — Du wirst nunmehr wohl schon eine etwas andere Meinung von der Philosophie bekommen haben, doch dürfte alles bisher Gesagte wohl wenig hinreichen, um Dein Vorurtheil gegen dieselbe zu entkräften, so lange Dein Haupteinwand bestehen bleibt, dass die Philosopie nutzlos und unfruchtbar sei. — Woher kommt es denn, möchte ich fragen, dass Du Technologie und Kunst nicht auch nutzlos und unfruchtbar findest? Würden es dieselben denn nicht auch sein, wenn der Mensch kein Bedürfniss des Essens und Trinkens, der Bequemlichkeit, des Luxus und des Kunstgenusses hätte? Gewiss, nur weil jene Mittel sind zur leichteren Befriedigung tief in der menschlichen Natur wurzelnder Bedürfnisse, nur darum haben sie für den Menschen einen Werth, und das Maass ihres Werthes richtet sich ebensowohl nach der Grösse und Dringlichkeit des Bedürfnisses als nach dem Maasse, in welchem sie dasselbe befriedigen. Wenn aber jene Dinge nur darum nicht nutzlos und unfruchtbar sind, weil sie einem Bedürfniss der menschlichen Natur dienen, so kann ich nicht zugeben, dass die Philosophie, welche dem tiefwurzelnden metaphysischen Bedürfniss dient, nutzlos und unfruchtbar sei. Dass die Befriedigung desselben keine vollkommene sei, kann keinen Einwurf begrün-

den; auch die Kunst und alle andern Mittel befriedigen die entsprechenden Bedürfnisse niemals vollkommen, wozu die Verwirklichung des Ideals gehören würde. Ich kann also die gewöhnliche
Unterscheidung von praktisch und unpraktisch in dem Sinne nicht
gelten lassen, dass etwas darum unpraktisch sein solle, weil es
einem bloss geistigen, nicht materiellen Bedürfnisse dient; auch
die Kunst würde damit als nutzlos verurtheilt sein, und abgesehen von der undurchführbaren Schiefheit dieser Sonderung würde
es das Zeichen einer thierähnlichen materiellen Gesunkenheit sein,
wenn man den Werth und Nutzen aller Dinge und Ideen bloss,
oder auch nur hauptsächlich, nach der dadurch erzielten Förderung des materiellen und leiblichen Wohlbehagens abmessen wollte,
da im Gegentheil alle menschliche Cultur darin besteht, sich
von dieser thierischen Basis des Lebens zu dem Zwecke mehr
und mehr zu befreien, um seine Kräfte solchen Aufgaben widmen
zu können, welche keinen materiellen Nutzen mehr bringen.
    Dieser Satz ist so wahr, dass man den Grad der humanen Bil-
dung einer Zeit oder eines Volkes geradezu danach bemessen
kann, in wie weit seine Bestrebungen sich rein theoretischen Zielen zugewandt haben. Es giebt freilich auch solche Seelen, denen alle höheren Bestrebungen nur insofern einen Werth haben,
als sie sich schliesslich doch wieder als milchende Kuh erweisen,
und indirecter Weise mehr materiellen Nutzen bringen, als ein
gleiches auf materielle Bestrebungen verwandtes Arbeitsquantum;
aber diese scheinen mir von den Zielen und der Würde der
Menschheit einen sehr unwürdigen Begriff zu haben und die historische Thatsache zu vergessen, dass gerade die bedeutendsten
praktischen Erfindungen aus solchen theoretischen Bestrebungen
hervorgegangen sind, die sich jedes Gedankens an praktischen
Nutzen lange Zeit entschlagen hatten und rein zur Förderung
der Wissenschaft als solcher ihre Kräfte aufwandten, so dass ihnen
die praktisch nutzbaren Folgerungen nicht als Ziel ihres Strebens, sondern als unverhoffter Lohn ihrer Entsagung zufie-
len. Gesetzt den Fall, die Naturwissenschaft hätte noch niemals
in ihren Folgen das materielle Wohl der Menschheit gefördert,
wie dies bei einzelnen Theilen derselben unstreitig der Fall ist,
würde darum ihr Werth in der Reihe der Elemente menschlicher
Cultur geringer sein? Gewiss nicht, so wenig wie der Werth

der Kunst bis jetzt von irgend Jemandem aus diesem Grunde
herabgesetzt ist! Warum also immer die Philosophie durch diesen auf den Angreifer zurückprallenden Vorwurf schmälern
wollen?

Es mag etwas dazu beitragen, dass, wenn auch das metaphysische Bedürfniss ebenso allgemein wie das künstlerische
ist, doch das Bedürfniss nach Philosophie nur bei einer verhältnissmässig sehr geringen Zahl der Menschen zur Geltung
kommt, weil der Platz, zu dem bei den Gebildeten die Philosophie berufen ist, bei der grossen Menge von der Religion ein-
genommen ist. So mag es nun manchem scheinen, als ginge die
Philosophie überhaupt aus einem Streben hervor, das nicht in der
menschlichen Natur als solcher begründet sei, sondern nur einzelnen Individuen abnormer Weise beiwohne, was jedoch durchaus nicht der Fall ist.

Ob nun aber — abgesehen von der Berechtigungslosigkeit,
aus dem etwaigen Mangel an praktischen Folgen einen Vorwurf
zu machen, — die aus der Philosophie in indirecter Weise
hervorgehenden Rückwirkungen nicht wichtiger und segens-
reicher als bei irgend einer andern Wissenschaft sind,
darauf werde ich später zurückkommen.

Vielleicht habe ich aber Deinen Vorwurf der Unfruchtbarkeit
gar nicht so verstanden, wie Du ihn gemeint hast, nämlich dann,
wenn derselbe nur die Resultatlosigkeit des philosophischen Strebens ausdrücken sollte. In diesem Falle hat er schon oben seine
Beantwortung gefunden.

Ich komme nun auf den Einwand, den Du gegen die empirische Psychologie erhebst. Es freut mich jedenfalls, dass Du die
Berechtigung dieser Wissenschaft an und für sich nicht bestrei-
test, und in der That, wenn man, wie man muss, sie zugleich als
vergleichende Psychologie der ganzen Lebewelt fasst, und Logik
und Erkenntnisslehre als Unterabtheilungen derselben betrachtet, so
ist dieselbe eine so wichtige Grundlage der Metaphysik, dass sie
für diesen Zweck mindestens der Summe aller übrigen Wissenschaften die Waage hält. Ich möchte hinzufügen, dass sie gerade
als Logik und Erkenntnisslehre eine wahrhafte *philosophia prima*
ist, d. h. eine Grundlage für alle anderen Wissenschaften, welche
es mit Recht niemals für ihres Amtes halten, die besonderen

Grundsätze, auf denen sie beruhen, prüfend zu untersuchen. Du sprichst aber der Psychologie die wissenschaftliche Lebens- und Entwicklungsfähigkeit ab, weil man nicht Maass und Waage bei ihr anwenden könne, die erst den Rechnungsansatz ermöglichen, und weil ohne Calcul keine Wissenschaft zu der Exactheit gelangen könne, welche allein ihr einen sichern Fortschritt verbürge. Ich schwärme gewiss ebensosehr wie Du für möglichste Exactheit in der Untersuchung und für Einführung des Calculs, wo dieselbe nur irgend thunlich ist, aber ich bestreite, dass die Anwendung des Calculs bei allen Zweigen Bedingung der Wissenschaftlichkeit sei. Ein einfacher Blick auf den gegenwärtigen Stand der Wissenschaften kann Dich lehren, dass nur die Wissenschaften der Materie (Physik, Mechanik, Krystallographie, Chemie und Astronomie als Mechanik der Himmelskörper) Deine Forderung erfüllen, alle anderen Wissenschaften aber nur insoweit, als sie sich auf erstere stützen (z. B. Physiologie auf organische Chemie, Geologie auf anorganische Chemie und Krystallographie). Dagegen entbehren fast sämmtliche Zweige der Naturwissenschaften, insoweit sie sich nicht auf jene eigentlichen Wissenschaften der Materie als Hülfswissenschaften stützen, also insofern sie erst eigentlich sie selbst sind, jener Fähigkeit, die Anwendung von Maass, Waage und Calcul zu gestatten, was besonders bei solchen hervortritt, die sich wenig auf Physik oder Chemie zu stützen haben. Man denke z. B. an die vergleichende Anatomie und Physiologie, die doch einen der schönsten und exactesten Zweige der Naturwissenschaften darstellen, und denen doch noch Niemand wegen jenes Mangels den Vorwurf der Unwissenschaftlichkeit oder Entwickelungsunfähigkeit gemacht hat. Ganz in derselben Lage befindet sich aber die vergleichende Psychologie. So wenig die Jurisprudenz gescholten wird, dass sie bei Erwägung einer Rechtsfrage nicht mit Zahlenausdrücken rechnet, so wenig darf es die Logik oder Erkenntnisslehre bei ihren Erwägungen der Wahrheits- und Richtigkeitsfrage. Das Beste aber ist, dass die Psychologie nach manchen Richtungen hin sehr wohl einer mathematischen Exactheit fähig ist, nämlich, soweit wir bis jetzt übersehen, nach drei Seiten: erstens auf Grund der Statistik (ebenso wie Volkswirthschaftslehre und Socialwissenschaft, in welcher Richtung in letzter Zeit schon kleine

Versuche gemacht sind, es aber noch wesentlich an statistischem Material fehlt), zweitens in der messenden Vergleichung der Sinnesempfindungen und Empfindungsunterschiede (wozu Fechner in seiner Psychophysik eine schätzbare Grundlegung geliefert hat) und drittens in der Erkenntnisslehre durch ausgedehnte Anwendung der Wahrscheinlichkeitsrechnung (worin bis jetzt noch fast gar nichts geschehen ist). Hieraus sieht man, dass die Psychologie weit weniger als viele andere Zweige der modernen Wissenschaften (z. B. Geschichte und Sprachforschung) sogenannter exacter Grundlagen und Anlehnungen entbehrt, wenn auch deren Ausnutzung erst von der Zukunft zu erwarten ist.

Ich habe Dir hier eine Skizze davon entrollt, wie ich mir die Stellung und Aufgabe der Philosophie in der Gegenwart denke. Man könnte diese Philosophie als inductiv-naturwissenschaftliche bezeichnen, eben weil sie Methode und Grundlage mit den unsere Zeit beherrschenden naturwissenschaftlichen Bestrebungen gemein hat. Mancher Philosoph wird vielleicht aus diesem engen Anschluss, diesem völligen Eingehen auf den Charakter der Zeit einen Vorwurf entnehmen; ich aber glaube, dass eine Philosophie, die nicht in den herrschenden Bestrebungen ihrer Zeit ihre Wurzeln geschlagen hat, selbst wenn sie an sich noch so bedeutend und originell wäre, doch im glücklichsten Falle bloss eine unreife Frühgeburt sein könnte, die nicht nur ihrer Zeit fremd bleiben, sondern auch aus Mangel an Wurzeln und nährendem Boden verdorren und verkümmern müsste. Nur eine von ihrer Zeit getragene Philosophie kann gedeihen und blühen, und mag sie dann auch die Einseitigkeit ihrer Zeit theilen, so wird sie doch nur so ein bleibendes und werthvolles Moment in der historischen Entwickelung der Philosophie werden können. Allerdings muss man heutzutage von der Philosophie verlangen, was man von keiner andern Wissenschaft verlangen kann, nämlich dass sie auf einer solchen geistigen Höhe stehe, dass sie in lichten Momenten der Selbstbetrachtung sich ihrer eigenen aus der Zeit entsprungenen Einseitigkeit bewusst werde. Dies Bewusstsein, selbst mehr oder minder einseitig zu sein, legt sofort wieder die Forderung auf, eine Ergänzung dieser Einseitigkeit zu suchen, die nun aber, da sie der erwähnten Gründe halber, originell nicht geschaffen werden kann, nur in früheren mit anderen Einseitigkeiten be-

2

hafteten Entwickelungsstadien der Philosophie gefunden werden
kann. Hier zeigt sieh der nothwendige Uebergang von der lebendigen zur todten, von der gegenwürtigen zur geschichtlich gewordenen Philosophie. — Du befindest Dich in einem grossen Irrthum, wenn Du glaubst,
dass das, was die Philosophie in früheren Zeiten existenzfähig
gemacht habe, die Pflege der Naturwissenschaften gewesen sei.
Diese Behauptung hat höchstens für die Zeit des 15. und 16. Jahrhunderts einigen Anschein, wo man aber mit mehr Recht behaupten kann, dass es ausser der theologischen Polemik gar keine
Philosophie gegeben habe, so dass das einzige Surrogat derselben die philosophischen Seitenblicke waren, zu welchen sich die
Naturforscher (wie Paracelsus und van Helmont) herbeiliessen.
Der Charakter und die specielle Richtung, durch welche die Philosophie jedesmal in den Mittelpunkt der allgemeinen Zeitinteres-
sen gestellt wird, ist im Gegentheil in den verschiedenen Perioden ebenso verschiedenartig wie die Charaktere der
Zeiten selbst. So ist z. B. die indische Philosopie mystisch-
pantheistisch, die griechische humanistisch, die des römischen
Weltreichs ethisch-praktisch, die des Mittelalters theologisch, die
continentale nach der Reformation mathematisch-doctrinär, die eng-
lisch-französische empirisch-sensualistisch, die neueste deutsche
speculativ-idealistisch, die der Gegenwart inductiv-naturwissen-
schaftlich. Jede dieser Seiten hat ein gewisses Maass der
Berechtigung, keine eine ausschliessliche; je mehr derselben man kennen lernt, einen desto vollständigeren Ueberblick
über die gesammten treibenden Culturelemente erhält man. Aber
nicht so sind jene Prädicate zu verstehen, als ob ein jedes alle
anderen ausschlösse, — im Gegentheil fehlt nur selten eine dieser Richtungen einer philosophischen Epoche gänzlich; sondern
das Prädicat bezeichnet nur, welche Richtung mit Vorliebe gepflegt, welcher eine die anderen überragende Wichtigkeit beige-
legt wird. So ist auch die für die Philosophie der Gegenwart als
wünschenswerth bezeichnete Ergänzung nicht so gemeint, als ob
dadurch etwas hinzukäme, was ihr gänzlich fehlen dürfte, sondern
nur so: dass man sich an dem Beispiel anderer philosophischer
Epochen klar macht, dass zu andern Zeiten auf ganz andere Dinge
der Hauptaccent gelegt worden ist, und in welcher Weise dies

᾿᾿chehen ist. Auch das wäre ein Irrthum in der Auffassung der
seitigkeit der verschiedenen Perioden, wenn man sie alle für
ch einseitig in coordinirter Weise halten wollte, so dass die
᾿ der vorangegangenen für die nachfolgenden eigentlich ver-
᾿äre; sondern wie geringfügig und schief auch zu manchen
᾿᾿historisch-philosophischen Kenntnisse waren, so waren
teminiscenzen früherer Leistungen in dem Maasse
ιss durch sie die natürliche Einseitigkeit einer be-
ιtung im Grossen und Ganzen um so mehr gebrochen
t erscheint, je grösser die Summe der geschichtlich
n Epochen wird. Die spätere Epoche kann unmög-
lich die Resultate der früheren gänzlich ignoriren, sie wird vielmehr stets bestrebt sein, dieselben nach Möglichkeit zu benutzen
und in ihre neue Richtung, sei es auch in noch so entstellter
Weise, aufzunehmen und zu verarbeiten, so dass mit abnehmen-
der Einseitigkeit der Philosophie zugleich der Kreis der von ihr
umfassten Ideen, der Reichthum ihres Inhalts beständig wächst.
So werden wir von vornherein von einer Philosophie der Gegenwart, — ganz abgesehen davon, ob eine solche existirt oder
nicht, — annehmen dürfen, dass sie die mindest einseitige und
inhaltlich reichste aller bisher dagewesenen sein müsse, wozu auch
der Umstand in erhöhtem Maasse beitragen muss, dass unsere
historische Kenntniss der Philosophie an Vollständigkeit und
Gründlichkeit alle vergangenen Zeitalter bei weitem übertrifft.

Aber nicht nur an Reichthum und Vielseitigkeit wächst die
Philosophie im Laufe der Zeiten, sondern auch an Tiefe des Inhalts, an innerlicher Durchdringung und Begründung ihrer Ideen,
sowie an Bestimmtheit im Ausdruck derselben, so dass man trotz
zeitweiliger Stagnation und vorübergehender partieller Rückschritte
der Philosophie im Ganzen mit vollem Recht eine wahrhaft organische historische Entwickelung zuschreiben darf. Ich berufe
mich auf den Geist der modernen Geschichtsforschung, ob nicht
allem historischen Sinne durch die Annahme Hohn gesprochen
wird, dass es möglich sei, dass ein wichtiges, sich durch alle Zeiten hindurch ziehendes Culturelement trotz aller darauf verwen-
deten Arbeit der Menschheit stationär bleiben könne! Im Besonderen von der Philosophie diese Behauptung aussprechen kann
nur der, welcher sich noch nicht die Mühe gegeben hat, den Ent-

wicklungsgang der Philosophie kennen zu lernen, was allerdings
viel schwieriger und mühsamer als bei irgend einer andern Wissenschaft ist. Es ist wahr, dass die Philosophen sich heute zum
Theil noch um dieselben Fragen streiten wie vor Jahrtausenden,
aber sie streiten sich um dieselben von ganz andern Gesichtspunkten aus mit ganz andern Gründen, und eben darin liegt der
Unterschied und der Fortschritt. Es ist wahr, dass nahezu gleichzeitig lebende Philosophen ihre Ansichten in der Regel gegenseitig auf das heftigste anfeinden; aber nur daher kommt dies,
weil sie verschiedene, wohl gar entgegengesetzte Seiten einer und
derselben allgemeinen Entwickelungsstufe des Geistes vertreten,
und jeder diese Blindheit gegen die relative Wahrheit der andern
Seite nöthig hat, um seine Richtung zu dem Gipfel der einseitigen Ausbildung zu führen, dessen sie fähig und bedürftig ist,
wenn in ihr ein für allemal ein gewisser Abschluss erlangt werden soll. Erst wenn die Zeit der negativen Kritik, welche die
Mitwelt und nächste Nachwelt an einer Philosophie übt, vorüber
ist, erst dann wird späteren Generationen die congeniale Reproduction, die unbefangene historische Würdigung ihrer Bedeutung
als einer nothwendigen, jetzt freilich überwundenen Stufe in der
Entwickelung der Philosophie möglich, und so betrachtet stehen
sich die verschiedenen Philosophieen nicht mehr feindlich gegenüber.

Du berufst Dich auf die verächtliche Gleichgültigkeit der Gegenwart gegen die Philosophie als auf eine Bestätigung Deiner
Ansichten. Weit entfernt, dieses Factum bestreiten zu wollen,
kann ich doch aus demselben nichts entnehmen, als dass die letzte
Epoche der Philosophie, welche mit ihrer speculativ-idealistischen
Richtung ein Menschenalter hindurch den ersten Rang im wissenschaftlichen Interesse des Publicums einnahm, vorüber ist, ohne
bisher durch eine neue, zeitgemässe, durch die Kraft ihrer Ideen
zur Anerkennung zwingende Philosophie ersetzt zu sein, — dass
die veränderte Geistesrichtung der Zeit eine Reaction gegen diese
ihre frühere Herrschaft behaupten wollende Philosophie durch
Gleichgültigkeit und gehässige Verachtung vollzogen hat, dass sie
sich aber noch nicht bis zu derjenigen Freiheit von ihr losgerun-
gen hat, um das negative Verhalten mit einem historisch begrei-
fenden vertauschen zu können. Es ist wahr, die Culturgeschichte

arbeitet mit Wechselwirthschaft; sie baut zu verschiedenen Zeiten auf demselben Felde verschiedene Frucht, und lässt jedes Feld nach einer Periode des reichlichen Ertrags eine gewisse Zeit brach liegen. So wechseln auch in der Geschichte der Philosophie Epochen der Blüthe und Fruchtbarkeit mit Zeiten des Verfalls und der Verkommenheit; bald können zwei Leute so wenig in Gesellschaft zusammentreffen, ohne sich von den Monaden und der besten Welt zu unterhalten, wie sie heute zusammen kommen können, ohne das Gespräch auf Politik zu lenken, — bald liegen die philosophischen Betrachtungen für das Interesse der gebildeten Welt in Versunkenheit und Verachtung. Es wäre vermessen, wollte man trotz dieses rythmischen Gesetzes aus einer Periode der Gleichgültigkeit gegen die Philosophie den Schluss ziehen, dass nunmehr ihre Entwickelung zu Ende sei. Es kann sich also nur darum handeln, ob es nicht gerathen sei, während der Zeit der Brache sich nicht mit Philosophie, sondern lieber mit andern Feldern zu befassen, die im Zustande der Blüthe oder des Fruchttragens sind. Diese Frage aber hat nur für denjenigen Wichtigkeit, der auf irgend einem wissenschaftlichem Gebiete productiv auftreten will, nicht für das Publicum, welches nur dilettantisch die Producte Anderer geniessen will; und soviel man auch über die Frage streiten kann, ob gegenwärtig die Philosophie schon wieder zu neuen Fortschritten berufen sei, so wird man doch zuletzt die Entscheidung nur den Thatsachen entnehmen, und wird sie zu Gunsten der Philosophie ausgefallen sein, wenn ein Versuch in dieser Richtung geglückt ist; wogegen sie zu Ungunsten derselben zu stehen scheinen wird, so lange man noch nicht anerkennt, dass eine Philosophie der Gegenwart existire. Keinenfalls aber dürfte das historisch-philosophische Interesse des Publicums durch die letztere Annahme beeinträchtigt werden, denn grade dann, wenn eine wahrhafte Philosophie der Gegenwart fehlt, ist es um so dringender geboten, die einseitige Richtung der Zeit durch Rückblicke auf die Philosophie der Vergangenheit zu mildern und zu ergänzen. Aber auch schon das bloss geschichtliche Interesse im Allgemeinen sollte genügen, um die Bedeutung der Geschichte der Philosophie von der auch durch ihren historischen Sinn ausgezeichneten Mitwelt nicht verkennen zu lassen; denn niemand wird den culturgeschichtlichen Charakter eines Zeitab-

schnitts völlig verstehen, der seine Philosophie nicht versteht, da
in dieser erst die bestimmenden und leitenden Ideen der Epoche
gipfeln und ihren bewusstesten Ausdruck finden.

Wenn es aber wahr ist, dass die Philosophie einer Epoche
der erhabenste, umfassendste und bewussteste Ausdruck ihrer gesammten geistigen Culturstufe ist, (und wer daran zweifelt, der
denke nur an die platonisch-aristotelische Philosophie in Hellas,
an die stoisch-epikuräische im römischen Weltreich, an die christliche Dogmatik und Mystik im Mittelalter, an die Leibniz-Wolff-
sche Philosophie in der Aufklärungsperiode des achtzehnten Jahrhunderts), so kann auch unmöglich die Philosophie ohne prak-
tische Rückwirkung auf das sonstige allgemeine Culturleben sein,
so muss vielmehr ihr Einfluss auf dasselbe grösser sein als der
irgend eines andern einzelnen Culturzweiges, unter denen es in
der That keinen giebt, der in seiner Entwickelung nicht mit der
Entwickelung aller andern in beständiger Wechselwirkung stände,
wenn auch letzten Endes die ganze Wechselwirkung der verschiedenen Bildungsmomente einer Zeit nur als ein äusseres Verhältniss anzusehen ist, dessen tieferer innerer Sinn die Einheit des
alle jene Sprossen treibenden allgemeinen Geistes der Zeit ist,
der selbst wieder nur eine Stufe in der Entwickelung des Geistes
der Menschheit in der Culturgeschichte überhaupt repräsentirt.
Als Gemeinschaft innigster Art erscheint z. B. die Wechselwirkung zwischen Theologie und Philosophie im Mittelalter bis zum
13. Jahrhundert in ihrem allmählichen Aufbau des Systems der
christlichen Dogmatik, dessen wunderbare Geschlossenheit seitdem
so vielen und heftigen Stürmen getrotzt hat. Ein anderes Beispiel ist das Zusammengehen der englischen Philosophie seit Baco
mit den empirischen Wissenschaften. Sie ist es, der wir jene
Principien und Methoden verdanken, welche die Naturwissenschaft
im modernen Sinne erst möglich machen. An den Ursprung dieses heutigen Gemeinguts denken nur die Wenigen, welchen die
Kämpfe der englischen Philosophie bekannt sind, in denen diese
Wahrheiten einem widerstrebenden Zeitgeist abgerungen wurden.
Ueberhaupt pflegen wir nur zu leicht zu vergessen, dass der
grösste Theil der Lebens-, Welt- und Begriffsanschauungen, die
wir jetzt als etwas ganz Selbstverständliches betrachten, weil wir
sie gleichsam mit der Muttermilch einsaugen, nichts anderes als

der Niederschlag von den philosophischen Kämpfen und Arbeiten vergangener Zeitalter sind.

Aber nicht immer und in jeder Beziehung zeigt die Philosophie ihrer Zeit die Principien und den Weg zur Entwicklung, denn gerade weil sie der bewussteste Ausdruck der bewegenden Grundideen der Zeit ist, diese aber (namentlich in früheren Perioden noch' weit mehr als jetzt) den Menschen, deren sie sich als ihrer Werkzeuge bedienen, oft mehr oder minder unbewusst bleiben, bis ihr Ziel erreicht ist, so wird man auch erwarten dürfen, dass die Philosophie oft erst im Culminationspunct einer Periode, wo dieselbe ihre Ziele erfüllt hat, und schon dem Verfall zuschreitet, auftreten wird, um so in sich den Geist der Zeit erst zu seinem vollen Bewusstsein zu bringen. Hier wird man natürlich von der Philosophie nicht erwarten können, dass sie einen positiven Einfluss auf die Entwickelung der Periode haben solle, die nur noch dem Verfall entgegen geht; desto wichtiger aber ist in diesem Falle ihr negativer Einfluss zur Beschleunigung des Verfalls und der Zersetzung der bisherigen Momente, nach deren vollständiger Verwesung erst der Dünger zum üppigen Aufschiessen einer neuen Vegetation bereitet ist. Aber nicht nur die Negation allein ist die Aufgabe einer solchen Philosophie, sondern auch das Ausstreuen der Ideenkeime für die neu anbrechende Culturepoche, wie z. B der Neupythagoreismus und Neuplatonismus die wesentlichen Keime der christlichen Metaphysik enthielt. So ist die Philosophie allerdings die Abendröthe eines schwindenden Welt-Tages, aber diese Abendröthe ist wie in einer nordischen Winternacht zugleich die Morgenröthe des jungen Lichts, denn die Sonne der Geschichte war nicht untergegangen, sondern nur unter den Horizont getaucht.

Du wirst Dich vielleicht nicht mehr darüber wundern, wenn ich diesen Brief mit der Behauptung schliesse, dass ich keine Wissenschaft kenne, deren Einfluss auf die Entwickelung des Geistes der Menschheit im Allgemeinen wie auch auf die verschiedenen Bildungselemente im Einzelnen, so gross wäre wie der der Philosophie; wenn es auch hier zu weit führen würde, die Förderung, welche verschiedenen Gebieten zu verschiedenen Zeiten durch die Anregungen der Philosophie zu Theil geworden ist, näher zu beleuchten, so ist schon das entscheidend, dass die Phi-

losophie sich mit allen andern Fächern, jedes andere Gebiet aber
sich nur mit sehr wenigen direct berührt.

Es würde mich freuen, wenn diese flüchtigen Zeilen im Stande
wären, Dein, wie es scheint, ziemlich starkes Vorurtheil gegen
die Philosophie zu brechen, und Dich dazu brächten, nicht nur
mein jetziges Lieblingsstudium nicht länger zu verachten, sondern
wo möglich selbst ein Interesse dafür zu gewinnen, damit wir in
demselben, wie früher im Laboratorium, wieder gemeinsam arbeiten können.

Zweite Abhandlung.

Ueber die nothwendige Umbildung der Hegel'schen Philosophie aus ihrem Grundprincip heraus.

———

Hegels Philosophie lässt sich in den Worten zusammenfassen: „Der·Weltprocess ist Entwickelung, die Entwickelung ist logisch, das sich Entwickelnde ist das Logische und ausser ihm ist nichts." Der dieses Grundprincip genau deckende Name für das System würde der des „logischen Evolutionismus" sein. Indem das Logische nicht nur bestimmendes Moment, sondern auch alleinige Substanz und Subject der Entwickelung ist, ist Hegels Philosophie Panlogismus; indem das Logische in der Fülle seiner Bestimmtheit sich als Idee darstellt, ist sie Idealismus, und zwar absoluter Idealismus, weil die Idee selbst das Absolute ist.

Dass der Weltprocess Entwickelung und zwar logische Entwickelung des Logischen selbst sei, diess ist die ewige und unvergängliche Wahrheit der Hegelschen Philosophie; dass nichts als das Logische sei, und nur dieses das der Entwickelung zu Grunde liegende Substrat und Subject sei, ist ihr zu überwindender und bereits überwundener Irrthum. Dass sie Logismus und Idealismus, vor allem, dass sie logischer oder idealer Evolutionismus ist, ist ihr Verdienst; dass sie Panlogismus und absoluter Idealismus sein will, ist ihre Schwäche und Einseitigkeit. Die Einseitigkeit und Unzulänglichkeit des Panlogismus habe ich bereits anderwärts gezeigt*), jetzt will ich versuchen, den unerschütterlich wahren Grundgedanken Hegels, dass aller Process Entwickelung sei, als kritischen Maassstab an die Durchführung anzulegen, welche derselbe in seinem System gefunden hat. Eine solche Kri-

———

*) „Phil. d. Unbewussten" 2 te Aufl. S. 686—690; „Schellings positive Phil. etc." S. 7—16.

tik wird eine wahrhaft immanente sein, wie Hegel selbst sie gefordert hat. Sie wird, indem sie einerseits die menschlichen Mängel und Unzulänglichkeiten, welche Hegels Philosophie mit andern Menschenwerken theilt, blosslegt, zugleich auch den ewig
bleibenden Gewinn, den seine Leistungen der Menschheit gebracht
haben, aufzeigen, und den Manen des so im eigentlichsten Sinne
verewigten Geistesheroen eine Huldigung zollen, die, zwar minder einschmeichelnd als eine blosse Panegyrik, doch um so un-
verfänglicher und bezeichnender ist, als der Standpunkt ihres Ver-
fassers dem Hegels in den meisten Einzelfragen geradezu entge-
gengesetzt erscheint.

Die nächste Frage ist: was ist Entwickelung? Entwickelung
ist Veränderung, Process, aber nicht vom Höheren zum Niederen
— denn das ist Verfall — auch nicht mit periodischer Wiederkehr gleicher Phasen — denn das ist Kreislauf — sondern
Fortschritt vom Niederen zum Höheren. Es entsteht die
neue Frage: was ist „Niederes und Höheres"?

Auf die Menge der constituirenden Theile kommt es nicht
an, denn sonst müsste des Felsblock das Höhere des Infusoriums
sein, weil er mehr Molecule als dieses enthält. Die Complicirt-
heit der Constitution, d. h. die Menge und Mannigfaltigkeit ver-
schiedener cooporirender und wechselwirkender Theile
macht es auch nicht, denn sonst müsste der höchst complicirte
Strumpfwirkerstuhl das Höhere der Strickmaschine sein (während
doch in Rücksicht auf den Zweck der Herstellung fertiger Strümpfe
das Umgekehrte der Fall ist); im Gegentheil ist unter sonst gleichen Verhältnissen das Einfachere höher zu achten als das Com-
plicirtere (wenn beide gleich gut ihren Zweck erfüllen). Auf die
Klarheit und Feinheit des Empfindens und die Deutlichkeit des
Bewusstseins kann es auch nicht an und für sich ankommen,
denn wenn es wahr wäre, dass die Behaglichkeit des Daseins im
umgekehrten Verhältniss zu jenen steht, so wäre ja an und für sich
betrachtet das dumpfere und dunklere Bewusstsein das Vorzüg-
lichere. Man sieht, dass alle festen Maassstäbe, nach denen man
die Relation des Höheren und Niederen zu regeln versuchen könnte,
nicht mit dem Urtheil des natürlichen Verstandes und dem Instinct der Sprache übereinstimmen; der einzig stichhaltige Maassstab ist der Begriff des Zwecks. Der Materialist und in aller

Strenge auch der Spinozist kann in objectiver Beziehung gar nicht
von Höherem und Niederem sprechen; alles ist wie es ist, und
kann nicht anders sein, jedes mit gleichem Recht und gleicher
Bedeutung, eines ein Stück Natur wie das andere; erst indem er
mit seinem menschlichen Bewusstsein an die Natur herantritt, erst
indem die vorgefundene Natur als Material seiner menschlichen Zwecke zu betrachten beginnt, kann er in Bezug auf
diese von Höherem und Niederem in derselben sprechen. Indem
er z. B. die Wahrheit erkennt, dass Wissen Macht ist, und Wissen ein Product des Verstandes ist, also Verstand zu Macht führt,
indem er ferner Machterlangung sich als menschlichen Zweck setzt,
nennt er den Menschen von weiterem Wissen und schärferem Verstande den Höheren, und überträgt diese Unterscheidung sogar
auf die Thiere. Objectiv genommen ist aber nur dann der schär-
fere Verstand der höhere, wenn möglichst grosse Verständigkeit
oder eine ihrer Folgen objectiver (Natur-) Zweck ist, und nicht
bloss subjectiv gesetzter Zweck des Menschen. Fehlt der objective Zweck, so ist der Naturprocess nur gleichgültige Veränderung, zweckloser Uebergang vom Einen zum Andern; giebt es
objectiv nur Gleichberechtigtes und Gleichgültiges, das erst vom
subjectiv menschlichen Standpunkt aus als Höheres und Niederes
erscheint, so giebt es auch keine objective Entwickelung; wenn
objective Entwickelung sein soll, müssen zunächst objective Zwecke
sein. Diess hat Hegel mit Schärfe erkannt, dass der Begriff der
Entwickelung an dem des Zweckes hängt; da in seinen Augen
alles Entwickelung, so ist alles final bedingt; weit entfernt, dass
die Finalität dazu dient, die Lücken der Causalität zu stopfen,
ist sie vielmehr das Höhere jener, die sich zu ihr, der alles durchdringenden und beherrschenden, nur als Mittel verhält. Diess Verhältniss hat schon Leibniz gefordert, aber erst Hegel hat es systematisch durchgeführt. Betrachten wir diese Durchführung auf
den drei Stufen des Processes, der Idee in ihrem Ansichsein,
ihrem Aussersichsein und ihrem Anundfürsichsein.

Die Idee in ihrem Ansichsein befindet sich zunächst auf der
denkbarst einfachen Stufe des reinen Seins (auch Schelling nennt
sie das rein Seiende = — A). Diess ist der Ausgangspunkt der
Entwickelung, der inhaltlich genommen schlechthin leer (= Nichts)
ist, formell aber doch nicht nur in irgend welcher Weise sein

muss, um Schooss der Entwickelung zu sein, sondern auch als
identisch mit dem formalen Moment der Entwickelung (dem Logischen) der Möglichkeit nach den ganzen Reichthum der Entwickelung in sich birgt. Indem in dem formalen Moment des
Logischen alle mögliche Formen einer etwaigen künftigen Entfaltung mit logischer Nothwendigkeit prädestinirt sind, kann man
sagen, dass in dem Reich der reinen Möglichkeit alle Momente
künftiger Entwickelung in ihrem ewigen Verhältniss beisammen
oder ineinander sind, welches sich herausstellt, wenn die Entwickelung wirklich eintritt; nur darf man dieses Reich der reinen
Möglichkeit nicht als eine besondere Art von anderweitigem Sein
denken, da es nichts anderes bedeutet als die formale Prädesti-
nation für den Fall der Entwickelung. Ebenso falsch wäre es,
wollte man das reine Sein der Idee vor aller Entfaltung so auffassen, als ob es noch etwas anders ausser dem formalen Moment
des Logischen selbst wäre; denn wäre dem so, so wäre es nicht
inhaltlich das absolut Unbestimmte, Leere, so wäre nicht sein Inhalt gleich Nichts. Ist aber das inhaltlich leere reine Sein nichts
anderes als das formale Moment des Logischen selbst
vor seiner Bethätigung, so verschwindet der falsche dialektische
Schein, mit dem Hegel diesen Begriff umkleidet hat. Hegel braucht
diesen Schein, um eine Entwickelung des Logischen innerhalb der
reinen Idealität in Scene zu setzen, die in jeder Beziehung nicht
nur inhaltlich verunglückt, sondern auch in der Absicht zu verwerfen ist. Denn Entwickelung ist Process, ein Process aber ist
nur zeitlich zu denken; ein ewiger Process ist kein Process, denn
in ihm wären alle Momente zugleich in einem ewigen Verhältniss,
mithin kein Expliciren, kein Hervorgehen des Höheren aus dem
Niederen. Entwickelung fordert aber auch einen Zweck, wie wir
gesehen haben; der ewige Process der reinen Idee in ihrem Ansichsein wäre aber das zwecklosestе Spiel von der Welt, da er
für das Heraustreten der Idee aus sich in die Wirklichkeit ganz
nutzlos und bedeutungslos, rein in sich betrachtet aber ebenso ziel-
los und werthlos ist. Da diesem Spiel der Idee in sich selber sowohl Zeit wie Zweck gebricht, so kann es nicht Entwickelung
sein. Hegel giebt aber im Grunde genommen auch zu, dass eigentlich nur das discursiv auseinandergezerrte ewige Verhältniss der Momente dem subjectiven Nach-Denken als Entwickelung erscheine,

worin schon liegt, dass es in Wahrheit keine sei. Wenn es aber in Wahrheit nichts anders ist und sein soll als ewiges Verhältniss der Hauptmomente einer eventuellen logischen Entwickelung, so ist uns dieses ewige Verhältniss ja bereits im Reiche der reinen Möglichkeit gegeben, wie sie als Ansich der möglichen Momente im reinen Sein des formalen Moments des Logischen prädestinirt ist. Hegel kann einerseits nicht bestreiten, dass in diesem reinen Sein alle Momente an sich enthalten sind, er kann andrerseits nicht bestreiten, dass ihre Entwickelung ein blosser Schein für den Zerrspiegel des discursiven Denkens ist, — was braucht es mehr zu der Einsicht, dass es eine grundlose Annahme ist, ein Missverstehen seiner eigenen Grund-Tendenz, wenn er ausser dem impliciten Ansichsein der logischen Momente im reinen Sein (als Ausgangspunkt einer eventuellen Entwickelung) noch ein zweites (ideell explicirtes) Ansichsein derselben vor der Entlassung in den Naturprocess statuirt? Erscheint hier die Tendenz dieser Annahme als eine verfehlte, so erschien oben die Annahme selbst als unmöglich, weil dem Begriff der Entwickelung widersprechend. — Fügen wir nun noch hinzu, dass selbst der angebliche Schein einer Entwickelung vor dem Zerrspiegel des discursiven Denkens auch noch auf Irrthum und Blendwerk beruht, so ist Hegels ewige Selbstentwickelung der Idee vor der Schöpfung in jeder Beziehung gerichtet. Diesen letzten Nachweis glaube ich in meiner Schrift „über die dialektische Methode" (Berlin, C. Duncker's Verlag, 1868) geführt zu haben.

Die dialektische Methode hat gerade dadurch die besten Köpfe geblendet, weil sie sich den Schein gab, Entwickelung zu sein. Zunächst und vor allen Dingen kann sie deshalb nicht Methode der Entwickelung sein, weil sie überhaupt gar keine Methode ist, sondern ein Gewebe von unmöglichen Denkaufgaben, das seine Unfähigkeit zu jedem Fortschreiten durch beständige Aufnahme empirisch (psychologisch) gegebenen Materials geschickt zu bemänteln weiss. Aber auch wenn sie nicht an der inneren Lähmung der Widersinnigkeit krankte, könnte sie doch nicht Methode der Entwickelung sein; denn welcher Entwickelung? Der psychologischen? Das kann niemand behaupten, der da weiss, dass wir meist gerade auf dem umgekehrten Wege zu unseren Begriffen und Kenntnissen kommen. Der ontologischen? Ebenso wenig, denn wir haben gesehen, dass es

eine solche vor und jenseits der realen Welt nicht giebt. Der
realen? Am allerwenigsten, denn die reale Genesis schlägt nicht
nur ebenfalls meistens ganz andere Wege ein als die Dialektik
(wessen sich diese auch bewusst ist), sondern sie kann auch vom
Menschen nur rückwärts und inductiv erschlossen werden, indem
man von den Wirkungen zu den Ursachen zurückgeht. so dass
die genetische Darstellung selbst (die nicht mit der dialektischen
zusammenfällt) doch immer nur Form der Didaxis, nicht Form
der Heuristik ist; aber die Dialektik will grade das letztere sein.
Um speciell auf Hegels dialektische Logik zurückzukehren, so
müsste dieselbe, wenn sie Entwickelung wäre, ein Nachbild sein,
zu dem es kein Vorbild giebt; sie wäre mindestens Zerrbild d. h.
unwahres Bild der Ontologie, weil letztere eben nicht Entwickelung ist. Aber die Logik wäre noch nicht einmal Zerrbild des
Wahren, sondern Zerrbild einer Illusion, der Illusion nämlich,
dass das Reich der ewigen Möglichkeit ein Reich von abstracten Begriffen sei, während doch der abstracte Begriff nur
Krücke und Nothbehelf des discursiven Denkens ist, in der ewigen Idee aber nimmermehr anders enthalten sein kann, als in den
realen Dingen auch, d. h. als nicht an sich, sondern als an an-
derem (dem absolut Concreten) seiend. „Das diamantne Netz
der Begriffe", auf das sich Hegel so viel zu Gute thut, existirt
als Netz nur in Hegels Kopfe, so gut wie das Meridiannetz auf
der Erdkugel nur im Kopfe des Geographen existirt. Implicite
wohnt es freilich auch der absoluten Idee ein, aber nur als aufgehobenes Moment der absolut concreten Intuition, welche nicht
durch Begriffe, sondern durch welche die Begriffe implicite mit-
bestimmt sind. Das Reich der idealen Möglichkeit lässt sich nicht
in 3 Bänden abhandeln, denn es umfasst eine Unendlichkeit con-
creter Intuitionen, in welchen alle Phasen nicht nur dieser Welt,
sondern aller möglichen Welten umfasst sind. Es ist eine thö-
richte Vermessenheit des discursiven Gehirnintellects. dem ewigen Weltverstande auch nur die Grundzüge des Welten-Schaf-
fens nachconstruiren zu wollen, während er so lahm und erbärmlich ist, schon an der abstracten Construction einfacher mathematischer Grössenbeziehungen zu scheitern. — Die Entwickelung,
die Hegel in der Welt erkannte, auch als Entwickelung zur Darstellung zu bringen, das war Hegels Ziel und Streben, als er

die dialektische Methode ergriff; er verfehlte sein Ziel, weil er
den mühsamen Weg eines geduldigen rationellen Empirismus ver-
schmähte und in titanischer Ungeduld mit Gewalt ein solches
Mittel verlangte, welches ihm seine Aufgabe mit einem Schlage
lösen zu können schien, nämlich durch synthetische Construction
aus den letzten Elementen der Analyse des menschlichen Denkens.

Wir kommen nun zu dem zweiten und dritten Theil des Hegelschen Systems, welche im Gegensatz zu dem ersten rein idealen Theil als die Sphäre des Realen bezeichnet werden können.
Hier beginnt nun in Wahrheit erst die Möglichkeit einer Entwickelung, und nur weil Hegel dem Begriff der Entwickelung untreu wurde, konnte er zu jenem in jeder Beziehung unhaltbaren
ersten Theil des Systems gelangen. So gewiss alle reale
Entwickelung nur Entwickelung des Idealen im Realen ist, so gewiss ist Entwickelung des Idealen ausserhalb der Realität eine Chimäre.

Wir sehen über die Unmöglichkeit hinweg, wie die Idee es
anfängt, sich selbst zu realisiren, an der Hegels System unheilbar
krankt: denn ist die Idee schon unfähig, aus eigenem Antrieb in
einen rein idealen Entwickelungsprocess einzutreten, so ist sie
noch viel unfähiger, aus eigenem Antrieb sich als das, was sie
ist, aufzuheben, und sich in eine ihr inadäquate Aeusserlichkeit des
Andersseins zu entlassen. Wenn Hegel sagt, dass die Idee nicht
so ohnmächtig sei, sich nicht auch durchsetzen zu können, so ist
diess, die Welt der Realität einmal vorausgesetzt, vollkommen
richtig; denn innerhalb des Weltprocesses ist ja die Idee mit Haut
und Haaren ein für alle Mal Inhalt des sie realisirenden Princips
geworden, so dass sie vermöge dieses Verhältnisses das „Was"
und „Wie" der Welt souverain bestimmt, und mithin, die Fortdauer
des realisirenden Moments vorausgesetzt, eine in einem bestimmten Zeitpunkt logisch geforderte Phase der Entwickelung der Idee
nicht umhin kann sich durchzusetzen. Aber diese Wahrheit gilt
eben nur unter Voraussetzung, dass die Idee bereits Inhalt des
sie realisirenden Moments geworden ist, d. h. sie gilt nur innerhalb des Weltprocesses und gestattet keine Rückschlüsse auf den
Zustand vor dessen Beginn. Gehen wir also darüber hinweg,
und fragen wir Hegel nicht weiter danach, wie die Idee es anfängt, in ihre Momente: Raum, Zeit, Materie u. s. w. zu zerfallen,

so dass dieselben den Charakter der objectiv gesetzten Erscheinung erhalten, so bleibt doch noch die andre und fast noch schwierigere Frage bestehen, wie die Idee dazu kommt und wie sie es anfängt, innerhalb dieser Formen der realen Erscheinung sich in die unsagbaren sinnlichen Einzelheiten, in das „Dieses" und „Jenes" zu individuiren, da nach Hegel eben das unsagbare Dieses ausserhalb der Sphäre des Begriffs und damit nach seiner Auffassung ausserhalb der Sphäre des Logischen und der Idee liegt. Die dialektische Selbstzersplitterung des Eins in die Vielen hilft hier nicht aus, denn sie ist (nach Hegel) nicht nur bereits damals geschehen, als die Idee in die universellen Formen der realen Erscheinung zerfiel, sondern sie könnte auch bei beliebig oft versuchter Wiederholung nie aus der Sphäre des logischen Begriffs heraus, nie zum absolut Concreten kommen, von dem hier allein die Rede ist. Dieses und damit die Erklärung der Wirklichkeit hat sich Hegel ein für allemal versperrt, indem er den abstracten Begriff an Stelle der concreten Anschauung setzte, und die Idee als Concrescenz abstracter Begriffe bestimmte, statt sie als urconcrete Intuition zu fassen. Aber auch mit diesem Schritte würde er die reale Individualität nicht erreicht haben; denn wenn die Idee auch concrete Intuition ist, so ist sie darum an und für sich doch auch nicht individuell im Sinne des realen Dieses, weil zunächst jede bestimmte Idee der Repräsentant vieler realer Individuen sein kann. Schon Plato wusste es, und Schelling weiss diesen Lichtblitz des Genies zu würdigen, dass nur durch das ἄπειρον die Idee zur Individuation gelangt. Und deshalb steckt doch auch wieder etwas Wahres darin, dass der Panlogismus Hegels vor dem sinnlichen „Dieses" sein Kreuz schlägt, denn es liegt dieser Scheu die Ahnung zu Grunde, dass die Idee es nicht von sich selbst erreichen kann, sondern nur mit Hülfe des Unlogischen (nur um dieses in zahllose Willensakte zu zersplittern und ihm dadurch die Möglichkeit des realen Processes zu geben).

Die hier gegebene Betrachtung ist für unsern Gegenstand desshalb von besonderer Wichtigkeit, weil sich der Begriff der Entwickelung ganz verschieden gestaltet, je nachdem man ihn auf den Weltprocess als Ganzes oder auf ein bestimmtes Individuum anwendet. Die Welt als Ganzes hat alle Realität in sich und keine ausser sich; ihre Entwickelung kann daher nur in ne re oder immanente Entwickelung sein, welche auch, da kein äusserer Eingriff sie stören kann, reine Entwickeluug genannt werden kann. Das Individuum hingegen steht hierin ganz anders; es hat sich im fortwührenden Conflict mit anderen Realitäten zu behaupten, und muss sogar den Stoff zu seiner Entwickelung aus den es umgebenden Medien, d. h. aus dem Gebiete fremder Realität entnehmen. Somit ist seine Entwickelung keine reine, keine bloss innere, sondern das Product innerer und äusserer Factoren, also ein Compromiss seines individuellen (unbewussten) Ideals mit den Schwierigkeiten der Verwirklichung desselben. Ergiebt sich von aussen eine Störung, Hemmung, oder Förderung der Entwickelung, so bewahrt sich der Charakter der idealen Entwickelung dem gegenüber durch die zweckmässige Anpassung oder Accommodation, welche zur Abweichung oder Variation von dem ursprünglichen Typus der zu realisirenden Idee führt, — eine Variation, die ebensowohl als gleichgültige Spielart wie auch als Höherbildung des Typus oder als Rückbildung (Degeneration) desselben erscheinen kann. (Diese Verhältnisse sind ebensogut an dem Ausschiessen von Krystallen aus einer Mutterlauge, wie an der aufsteigendeu Organisation der Erde nachzuweisen). Hier ist es wie überall, dass die scheinbaren Störungen der gradlinigen Entwickelung des Individuums dazu dienen müssen, die Entwickelung des Ganzen zu fördern, und diess ist auch selbstverständlich, sobald man sich darauf besinnt, dass es ja doch nur ein willkürlich gewählter Gesichtspunkt ist, von der Entwickelung eines bestimmten Individuums zu reden, da es sich thatsächlich nur um die immanente Entwickelung des Ganzen handelt, worin alle für dieses Individuum äussere Realitäten als innere aufgehoben sind. Nicht das ist das Wunderbare, dass die Störungen der individuellen Entwickelungsgänge zur Entwickelung des Ganzen nothwendig sind und dieselbe fördern, sondern vielmehr das ist zu verwundern, dass die Entwickelung des Ganzen sich trotz des realen Durcheinanders der Individuen doch noch an diesen, wenn auch in unvollkommener Weise, gegenbildlich wiederholt. Hegel zeigt von diesem Gegensatze in der Naturphilosophie keine Ahnung, und so verdunkelt sich ihm der Begriff der Entwickelung selbst, indem er die reine und die äusser-

3

lich bedingte Entwicklung vermengt und verwirrt. Da er den
Begriff der Entwickelung zunächst nur von der des Individuums
abstrahirt, und die Schiefheit der Forderung einer immanenten
Entwickelung in dem doch nur als Glied des Ganzen verständ-
lichen Individuum gar nicht ahnt, sieht er sich in die unange-
nehme Nothwendigkeit versetzt, eine Incongruenz zwischen der
Idee und dem Inhalt der Realität zu statuiren, welche nirgends
nachweisbar ist, und welche, wenn sie nachweisbar wäre, die logische Entwickelung und die Wahrheit, welche die grosse Errungenschaft des Idealismus bildet, wieder vernichten würde, — die
Wahrheit, dass die Idee selbst aller Inhalt der Realität ist und
ausser der Idee kein Inhalt der Realität existirt. Hegel sucht als
Grund für die behauptete Incongruenz den Begriff des Zufälligen
zu benutzen, ein Begriff, der selbst die Bankerotterklärung des
Begriffs ist, ein Begriff, der sich selbst aus dem Reich des Begriffs und des Logischen ausdrücklich in das Gebiet des Unlogischen verweist, wo er allein seine Stätte findet, wo er aber auch
berechtigt und von grösster Wichtigkeit ist. Nimmermehr kann
das Zufällige im Inhalt des Weltprocesses anzutreffen sein, da
dieser ganz Idee und ganz und gar logisch ist; ganz unverständlich aber ist, wie das Zufällige der sich durchsetzenden Idee gegenüber ein selbstständiges Moment repräsentiren, und woher dasselbe die Macht nehmen soll, um der Idee erfolgreiche Opposition
zu machen. Hegel führt hier ein Element ein, welches sein Grundprincip, dass nichts als die logische Idee ist, geradezu aufhebt,
und das alles nur, weil er den Begriff der Entwickelung nicht
scharf genug gefasst hat.

Betrachten wir nun noch einen Augenblick, wie die Entwickelung der Welt als ganzen, von einem Moment zum nächsten
genommen, sich gestaltet. Die Welt im gegenwärtigen Augenblick zeigt uns eine durch unsere sinnliche·Wahrnehmung ver-
mittelte Aussenseite, welche vor der philosophischen Betrachtung
zwar nur als subjectiver Wiederschein der objectiv gesetzten Erscheinung des Wesens sich erweist, aber doch im Bewusstsein
neben dieser Erkenntniss als instinctiv gegebener Schein fortbe-
steht. Ist nun der wahre Inhalt der objectiven Erscheinung nichts
als die gegenwärtige Stufe der Idee, so erhellt, dass auch der Inhalt des nächsten Moments, der wiederum nichts als Idee ist, nur

ideal aus dem unmittelbar vorhergehenden sich entwickelt, und
dass der reale Conflict, der das Angesicht der Welt in diesem
Augenblicke verändert, nur die Realisation des idealen Conflictes
ist, in welchem die in Individuen auseinander getallenen Momente
der Idee sich befinden. Unser Verstand reicht bei weitem nicht
aus, den Gang dieser Logik *a priori* nachzuconstruiren, zumal
uns ja sogar noch die Prämissen fehlen, weil wir die Welt fast
nur ihrem sinnlichen Scheine nach kennen. Aber jeder Fortschritt der Naturwissenschaft bringt uns *a posteriori* dem Ziele
näher, den Weltinhalt auch als Idee zu begreifen und der Logik
des Ueberganges nachzuspüren, indem wir die G e s e t z e des Geschehens durch Induction erkennen. Jedes Gesetz nämlich ist
nichts weiter als eine Abstraction, welche uns *a posteriori* lehrt,
dass es in jedem Falle, wo die und die Verhältnisse gegeben sind,
logisch nothwendig ist, dass das und das als Inhalt des nächsten
Momentes folgt. Häufig hilft zwar in einfacheren Fällen das uns
immanente Logische divinatorisch dazu mit, des Gesetz zu finden,
und applaudirt dem Gefundenen, aber nur selten vermag es das
Gefundene nachträglich *a priori* streng zu beweisen (wie beim
Parallelogramm der Kräfte). Schwieriger werden die Verhältnisse
beim organischen Individuum und seiner Entwickelung, weil hier
die Umstandscombinationen so complicirter Natur sind, dass es
sehr schwer wird, eine Wiederkehr von so annähernd gleichen
Verhältnissen zu beobachten, dass sich einfache Grundgesetze aus
ihnen abstrahiren lassen.

Nehmen wir zum Beispiel die Idee der Pflanze, so schliesst
dieselbe in sich bereits verschiedene Phasen (Keim, Blüthe,
Frucht etc.) ein; insofern diese Phasen oder Momente der
individuellen Entwickelung in einem idealen Verhältniss zu einander stehen, und erst durch einander verständlich werden, kann
man allerdings mit Hegel sagen, dass der Begriff des Keims a n
s i c h (d. h. als implicite idealiter gesetzte Beziehung) schon den
Begriff der Pflanze in sich trage. Ist nun dieser hier vor mir
liegende Weizenkeim eine Realisation der Idee des Keimes, so
wird auch in ihm, insofern er diess ist, die ideale Beziehung auf
die künftige Pflanze und zwar Weizenpflanze mitgesetzt sein.
Dieser Keim ist aber nicht in dem Sinne eine Realisation der
Idee des Keimes, als hätte letztere ohne alle weitere Vermittelung

in ihm Fleisch und Bein angenommen, sondern er besteht aus
Cellulose, Stärkmehl, Kleber etc., diese aus Kohlenstoff-, Was-
serstoff-, Sauerstoff- und Stickstoff-Moleculen, und diese wieder
aus Körper und Aetheratomen, deren jedes seine Individualität
und selbstständige Realität hat. Betrachtet man nun diesen Weizenkeim nicht von der idealen, sondern von der realen Seite, so
ist zunächst nicht ersichtlich, inwiefern er das Ansich der Pflanze
sei; er ist eben diese Gruppirung von Atomen und weiter nichts.
Und doch ist diese Gruppirung bei jedem individuellen Weizenkeim der Erde eine andere und repräsentirt bei jedem die künftige Individualität der Pflanze, bestimmt durch die varietätischen
und individuellen Eigenthümlichkeiten der elterlichen und grosselter-
lichen Pflanzen. (Diese concret reale Beziehung auf die Zukunft verkennt Hegel vollständig; er spricht immer nur von der abstract be-
grifflichen, welche der Individualität keine Rechnung trägt). Die
Gruppirung der Molecule in diesem Weizenkeim ist nämlich eine derartige, dass leichter eine Weizenpflanze als eine andere Pflanze
daraus hervorgehen kann, leichter die Weizenvarietät der Mutterpflanze als eine andere, und leichter ein Pflanzenindividuum, welches der Mutterpflanze (oder durch Rückschlag einer früheren
Generation) ähnelt als ein anderes. Die Idee der Molecule oder
der Stellung und Gruppirung dieser Molecule zu einander enthält
an sich nichts, was auf die künftige Pflanze Bezug hat, dennoch
aber erweist sich diese Gruppirung als reale Prädisposition
zur Erleichterung (resp. Ermöglichung) einer bestimmten Ent-
wickelungsrichtung, erweist sich also als Mittel zum Zweck,
und steht so wiederum indirect zu der Idee der Pflanze in idealer Beziehung. Dieses zweckmässige Mittel hat sich aber die
logische Idee selbst zubereitet, als sie die Entwickelung des Keimes in der Aehre der Mutterpflanze logisch bestimmte. Hier zeigt
sich nun, dass die Idee dieses bestimmten individuellen Keimes
nichts anderes ist als die concrete Idee dieser bestimmten Moleculen-
gruppirungen sammt ihrer Zweckbeziehung auf die Zukunft, woraus
erhellt, dass Hegels allgemeiner Begriff des Keimes nur eine todte
Abstraction ist, die nirgends anders in der Welt Realität hat, als
in dem Hirnbewusstsein eines Philosophen, der sich in dem Irrthum befindet, dass die logische Idee in Abstractionen denke;
es geht ferner daraus hervor, dass das „Ansich" der Pflanze, welches im Keime liegen soll, durchaus nur als Zweckbezie-

hung zu fassen sei, zu welcher der Keim selbst als Mittel gesetzt ist, dass aber dieser Zweck in Folge der schon erwähnten
Accommodation an die äussern Bedingungen einen ziemlich weiten Spielraum lässt, und sich in jedem Momente ändert.
Alle diese complicirten Verhältnisse glaubt Hegel mit der Phrase
zu erledigen, dass in der Entwickelung das erst nur an sich
seiende für sich gesetzt werde. In diesem Ansich ist die Zweckbeziehung fast verloren gegangen, denn sonst könnte es Hegel
nicht einfallen, den Trieb der Entwickelung als eine Folge
daraus ableiten zu wollen, dass das an sich Seiende es nicht
aushalten könne, nur an sich zu bleiben, — während doch
umgekehrt schon die Beschaffenheit des Mittels das Bezwecken,
d. h. das Erstreben eines Zwecks voraussetzt. Dass aber
in der Entwickelung das zuvor nur an sich Seiende für sich
gesetzt werdé, ist nur da richtig, wo es sich, wie bei dem Erwachen des Selbstbewusstseins im Kinde, um das zum Bewusst-
seinkommen eines vorher Unbewussten handelt, aber nicht bei
Bewusstlosem, das vielmehr auch in der Entwickelung nur „für
Anderes" gesetzt wird   Ich kann hiernach die Bezeichnungen
„an sich" und „für sich" nur als unglücklich gewählte und
den wahren Sachverhalt verdunkelnde bezeichnen, wie ich denn
überhaupt nicht in das Lob derer einstimmen kann, die Hegels
sprachschöpferisches Talent preisen.

Hegel hat kein Herz für die Natur, auch fehlt ihm die ent-
sagungsvolle Geduld des empirischen Forschers. Darum wird er
ungeduldig, wo ihm Sinn und Verständniss für gewisse Natur-
erscheinungen abgeht, und schilt die Natur, dass sie zu ohnmächtig sei, überall Vernunft zu zeigen, und deshalb vieles Zufällige
und Bedeutungslose hervorbringe. Wenn man seine Naturphilosophie liest, so kämpft fortwährend das Lächeln über die Wun-
derlichkeit der darin enthaltenen Verirrungen mit dem Verdruss
über die Prätension, derartige abstracte Phantasiespiele für Wissenschaft (und gar für absolute Wissenschaft!) auszugeben.

Wenn ich vorhin sagte, dass Hegel die Entwickelung des Einzelnen von der des Ganzen nicht hinreichend unterschieden habe,
so ist andererseits zu beachten, dass Hegel in der Natur eine
Entwickelung des Ganzen ebenso wie in der Logik eigentlich
nur als ewigen Kreislauf kennt, nur mit dem Unterschied, dass

der Kreislauf in der Logik als ausserzeitlich erschien, hier aber als innerzeitlich, also da er doch ewig sein soll, als eine unendliche Zeit umspannend. Wie bei Nebelbilder-Chromatropen, wo die Formen sich immer neu aus dem Centrum ausstrahlend entfalten, während doch das Ganze ein nicht von der Stelle rückendes Formen- und Farbenspiel ist, entwickelt sich auch im Naturprocess Hegels nur in dem Sinne eines aus dem andern, dass immer alles zugleich ist. Der wahre Stufengang in der Natur ist ihm nur ein Stufengang der Dignität, der im Innern unseres ihn denkenden Begriffs seinen Verlauf hat; aber dieser Stufengang kommt nicht als zeitliche Succession zur Erscheinung. Für Hegel hat die Natur keine Geschichte; was als solche erscheint, ist Rückwirkung des Geistes auf sie.

Hier ist der Begriff der Entwickelung vollständig abhanden gekommen; er ist nicht mehr, wie im Einzelnen, verwirrt und verdunkelt, sondern vernichtet. Im Gebiete der reinen Idee, wo keine Entwickelung möglich ist, sucht Hegel mit Gewalt einen künstlichen Schein der Entwickelung zu erzeugen, in der Natur, wo die herrlichste und grossartigste Entwickelung als kosmogonische, geologische und biologische Geschichte vorliegt, verschliesst er ebenso gewaltsam die Augen, und erklärt die Entwickelung für blossen Schein! Nein, Meister Hegel, Natur und Geschichte sind keine Gegensätze, der ganze Weltprocess ist durch und durch Geschichte, ist durch und durch Naturgeschichte; die sogenannte Geschichte des Geistes ist nur ein zwar dem Werthe nach grosser, aber historisch verschwindend kleiner Bruchtheil der Naturgeschichte; Nothwendigkeit plus Zufälligkeit in der Natur und Freiheit im Geiste sind falsche und künstliche Gegensätze: der freie Geist ist so natürlich und nothwendig wie die Natur, und die Natur so geschichtlich wie der Geist nur immer sein kann. Wenn zu Hegels Zeiten noch ein Zweifel daran bestehen konnte, so haben seitdem die Fortschritte der Astronomie (vermittelst Spectralanalyse und Photometrie) und der Geologie, und die biologische Descendenztheorie jeden Zweifel daran beseitigt. Der Geologie gegenüber kann schon Hegel selbst seinen Standpunkt der geschichtslosen Natur nicht aufrecht erhalten. „Der Bildungsprocess der Erde ist als ein vergangener zu betrachten, und gehört der Philo-

sophie nicht an" — also doch wohl der Geschichte! „Der
Bildungsprocess der Erde ist also jetzt zur Ruhe (?) gekommen" — warum jetzt erst? Doch wohl weil der Bildungsprocess
d. h. die Entwickelungsgeschichte der Erde nicht früher bei dem
Punkte anlangen konnte, wo sie den Menschen tragen konnte!
Wenn der Erdgeist oder der Geist des Menschengeschlechts in
unbewusstem Zustande (vor seinem Erwachen im menschlichen
Bewusstsein) die Geschichte der Erde so bestimmte, dass sie dadurch zu seiner Behausung tauglich wurde, und nun selbst den
Menschen als Naturproduct hervorbringen musste, so ist diess
doch wohl keine blosse Rückwirkung des Geistes auf die Natur, sondern vielmehr eine teleologische Vorwirkung desselben!
Dass Hegel die Natur überhaupt als einen teleologisch geforderten Durchgangspunkt (zum bewussten Geist) auffasste, das ist
seine Grösse; dass er aber unfähig war, den Process der teleologisch bestimmten Natur als Entwickelungsgeschichte zu begreifen,
sondern ein wüstes Durcheinander der ausser sich gerathenen und
von sich selbst abgefallenen (in blinder Nothwendigkeit und Zufälligkeit sich selbst untreu gewordenen) Idee aus dem Naturprocess machte, das ist seine Schwäche. – Nachdem ich gezeigt
habe, dass es chimärisch sei, von einer Entwickelung der
Idee im reinen Ansichsein zu reden, dass vielmehr die Idee
nur in der Realität zur Entwickelung kommen könne, wird es
doppelt wichtig, den Naturprocess selbst in seiner wahrhaft geschichtlichen Entwickelung als die eigentliche und einzige Ent-
wickelungswerkstatt der Idee selbst zu erkennen, in welcher
dann bloss noch die Sphäre oberhalb und die unterhalb der
Schwelle des Bewusstseins zu unterscheiden ist. Der Abfall, das
sich Entäussern, das Anderssein sind alles nur Verlegenheitsaus-
drücke, die aus dem Bedürfniss entspringen, den Mangel eines
Realprincips zu bemänteln. Hat man dieses, so sieht man sofort
ein, dass die Idee als Inhalt desselben vollständig bei
sich bleibt und keineswegs ausser sich geräth; denn ihr
geschieht ja nichts anderes als dass ihre ewig unveräusserliche
substantielle Identität mit dem Realprincip, die vor dem Weltprocess eine in der Ruhe sich verhüllende war, nunmehr eine in
der Erscheinung sich offenbarende geworden ist.
    Wir gelangen nunmehr zum dritten Theil des Hegelschen Sy-
stems, zur Philosophie des Geistes. Haben wir in den vorher-

gehenden Theilen nur das zu Grunde liegende Princip loben können, aber die Ausführung durchweg tadeln müssen, grade weil
sie dem Princip durchweg untreu wurde, so haben wir es von
jetzt an mit den unvergänglichen Leistungen des Hegelschen Geistes zu thun, ganz besonders auf den Gebieten, wo die Aufnahme
des empirischen Stoffs nicht unter dem falschen Schein dialekti-
scher Construction versteckt, sondern offen und eingestandener
Maassen geschieht. Aber auch hier werden wir bemerken, dass
Mängel und Schwächen sich sofort einstellen, wo ein Abfall vom
Princip der Entwickelung sich kenntlich macht. Es wird hinreichen, diess an den wichtigsten Beispielen des umfassenden Ge-
biets darzuthun.

Betrachten wir zunächst die Entwickelung der Religion. Wie
mit der Geschichte der Philisophie so hat auch mit der der Religion Hegel zum ersten Mal den Versuch gemacht, sie als eine
fortlaufende Entwicklung darzustellen. Mag auch dieser Versuch
noch soviel Willkürlichkeiten und Ungenauigkeiten zeigen, mag
seitdem unsere Kenntniss der Urkunden noch so sehr zugenom-
men haben, so wird doch immer der Grundgedanke dieser Versuche richtig und ihre Aufstellung höchst verdienstlich bleiben.
Was uns am meisten interessirt, ist Hegels Verhalten zum letzten Gliede der Religions-Entwickelung, zum Christenthum.

Nach Hegel ist der Inhalt von Religion und Philosophie identisch und nur die Form verschieden, indem die Philosophie die
adäquate Form des Begriffs, die Religion aber die dem Inhalt
inadäquate Form der Vorstellung hat. Die philosophische Betrachtung der Religion erkennt gleichzeitig die Unangemessenheit
der Form und die Wahrheit des Inhalts. So gehören z. B. im
Christenthum solche Ausdrücke wie Vater, Sohn, Zeugung, unbe-
fleckte Empfängniss, Zorn Gottes u. s. w. zur Unangemessenheit
der Form, und es handelt sich darum, ihren Inhalt zu erkennen.
Indem aber Hegel nur die unangemessene Form entfernen will,
räumt er mit sämmtlichen Grundbegriffen des Christenthums vollständig auf, so dass rein gar nichts davon übrig bleibt; denn
seine symbolischen Deutungen oder vielmehr Deuteleien liegen
dem, was das Christenthum als solches will und wollen muss,
noch weit ferner als die der rationalistischen Aufklärung. Denn
letztere lässt doch mindestens Gott, Freiheit und Unsterblichkeit

bestehn und Jesus als Lehrer dieser Grundwahrheiten; Hegel aber
vernichtet dieselben und setzt an ihre Stelle etwas, was Jesus
nimmermehr gelehrt haben kann, und was für das christliche Bewusstsein, sofern es nicht zufällig mit einem speculativen Bedürfniss verknüpft ist, nicht das geringste Interesse hat.

Der Mensch, der als Incarnation der Idee an sich gut war,
ist in Folge des nothwendig übergreifenden, mit der Individuation *eo ipso* gesetzten Individualwillens an sich böse; er erkennt
sich als wirklich böse, indem er sich zur Unterscheidung des Guten und Bösen erhebt, aber er braucht auch nur weiter zu erkennen, dass er an sich gut ist, und dass sein Gegensatz als Individuum gegen das Absolute ein nur relativer ist, der sich im Process ebenso wieder aufhebt, um wirklich gut zu sein. Nur indem
der Mensch sich als Individualwillen weiss, ist er böse, sobald
er sich in substantieller Einheit mit dem Absoluten und sich als
das einzige Selbstbewusstsein, die einzige und deshalb unendlich
werthvolle Persönlichkeit des Absoluten weiss, ist er wieder gut.
Hier ist von Freiheit keine Rede, die Unterschiede von gut und
böse entspringen nur aus verschiedenen Stufen des Wissens,
und der Process dieser Selbstentzweiung und Selbstversöhnung
des Absoluten ist nothwendiger, unvermeidlicher Process, die Unangemessenheit des „ansich-böse-Seins" der Individuen ist unentbehrlich; „wenn sie verschwände, so verschwände das Urtheil
des Geistes" (d. h. die Ur-Theilung des Unendlichen in sich selbst
und das Endliche), „seine Lebendigkeit, so hörte er auf
Geist" (d. h. bewusster Geist) „zu sein". In diesem ewigen Entstehen und sich Aufheben des Gegensatzes gewinnt der Geist
seine Ewigkeit, d. h. die gegenwärtige Qualität, „als denkend,
rein wissend das Allgemeine zum Gegenstand zu haben". Das
ewige Leben besteht nur im gegenwärtigen Denken und Wissen,
und ist jeder zeitlichen Bestimmung (wie z. B. Fortdauer
nach dem Tode eine ist) fremd. Das Leben des Geistes ist das
ewige sich ur-Theilen und wieder Zusammenschliessen des Absoluten, die Individuen sind nur die vorübergehenden Momente dieses Processes; nicht der Mensch ist ewig, sondern das Leben,
nicht die Person sondern das Moment der Persönlichkeit. Die
Idee wird erst in dem sie wissenden Menschen zum bewussten
Geist, ist mithin sowohl in der Natur als in ihrem reinen Ansich-

sein sich ihrer unbewusst; wäre dem nicht so, so wäre der Ent-
wickelungs-Process, in welchem sie bloss das sucht, was sie schon
von vornherein hat, das sinnloseste Ding von der Welt. Das Absolute hat also seine ewige Persönlichkeit nur im Menschen, d. h.
es ist an sich noch nicht Person, und die menschlichen Personen
sind vorübergehende Momente im Process des Absoluten, d. h.
sie sind nichts weniger als unsterblich.*) Hiermit sind die drei
Grundpfeiler des Christenthums, der persönliche Gott, die Freiheit
zum Guten und Bösen, und die individuelle Unsterblichkeit gestürzt.

An ihrer Stelle erklärt Hegel die Lehre von der Dreieinigkeit für den wahren Inhalt des Christenthums, eine Lehre,
welche mit Ausnahme einiger Mystiker niemals das schlichte christliche Gemüth tief und lebhaft ergriffen hat, sondern meistens nur
in den Streitigkeiten der Theologie ihr Wesen treibt. Aber was
macht Hegel aus der Trinität? Er sucht sie den drei Theilen
seines Systems zu accommodiren. Da der dritte vom Geist handelt, so scheint dieser dem heiligen Geist noch einigermaassen
nahe zu stehen. Nach Hegel ist der Geist das sich wissende
Allgemeine, die sich in ihrer Besonderung als identisch mit dem
Allgemeinen wissende Idee, oder mit unverhüllten Worten: das
pantheistische Bewusstsein. Da aber dieses weit reiner
in dem rein arischen Brahmanismus und Buddhismus zu finden
ist als im Christenthum, wo das semitisch-theistische Element bis
jetzt noch vorwaltet, so muss auch nach Hegel der heilige Geist
besser oder mindestens ebenso gut in Indien als in Europa zu
finden sein, womit doch wohl die Christen nicht einverstanden
sein dürften. Aber nun erst Vater und Sohn! Seinem Princip
nach musste Hegel den Sohn mit der aussersichseienden Idee
oder der Natur identificiren; da diess aber doch selbst ihm wohl
zu stark schien, so liess er die Natur ganz aus dem Inhalt der
religiösen Anschauung fortfallen (und doch soll er die Wahrheit
sein?) und pfropfte wohl oder übel den Vater sammt dem Sohne

---

*) Allerdings hat Hegel aus Opportunitätsrücksichten diese Sätze nicht allzu
offen und unzweideutig hingestellt, sie sind aber nicht nur nothwendige Stücke
des Systems, sondern stehen auch für Jeden deutlich genug da, der unbefangen
lesen will. Wenn Philosophen der Hegelschen Schule ihrerseits sich zu andern
Ansichten bekennen, so steht ihnen das frei, aber es steht ihnen nicht frei, die
historisch richtige Auffassung Hegels zu verunstalten, um ihre Varianten mit dem
Schilde der Autorität des Meisters decken zu können.

in den noch übrigen ersten Theil des Systems, die Logik hinein. Der Vater repräsentirt den Anfang, die Idee in ihrer einfachen Allgemeinheit, in der noch nichts Besonderes herausgesetzt ist (die Tiefe, den noch leeren Abgrund), der aber das Moment der Besonderung doch schon im Zustande des Ansich in sich trägt (Anfang der Logik: das reine Sein). Der Sohn ist hingegen das Moment der Besonderung, der ganze Reichthum ihrer Mannigfaltigkeit, in den die Idee sich behufs ihrer Entäusserung in die Natur entfaltet. Also der Vater ist der erste Paragraph der Logik, der Sohn die Summe der übrigen Paragraphen. Von einer Dreiheit selbstständiger Personen kann hier natürlich nicht die Rede sein. Da diese Construction doch allzuweit von der christlichen der Dreieinigkeit entfernt ist, so bleibt als wirklicher Inhalt des Christenthums für Hegel nichts übrig als der pantheistische Satz, dass der Mensch göttlichen Wesens, fleischgewordener Gott, und sein Selbstbewusstsein das Selbstbewusstsein Gottes ist. Da dieser Satz im Christenthum thatsächlich nicht gelehrt wird, so nimmt Hegel die göttliche Incarnation in Christo als den Repräsentanten dieses Satzes in der unangemessenen Form der Vorstellung, und seine Christologie beschränkt sich auf die Behauptung, dass Jesus diese Incarnation in seiner Person zuerst gelehrt habe, eine Behauptung, die mit der historischen Glaubwürdigkeit des Johannesevangeliums zugleich fällt. — Nachdem Hegel so das Christenthum bis auf seine Wurzel zertreten, und seinen ganzen Inhalt wegsymbolisirt hat, nimmt er dessen ungeachtet keinen Anstoss daran, dasselbe doch wieder als die absolute Religion, d. h. als diejenige, mit welcher die Entwickelungsgeschichte der Religionen abschliesst, zu bezeichnen. — Gesetzt den Fall, der Inhalt des Christenthums wäre mit dem der Philosophie identisch, so würde dennoch das Christenthum als solches für denjenigen nothwendiger Weise aufgehört haben zu existiren, welcher die Unangemessenheit seiner Form erkannt hätte; denn dieser würde nur noch seinen Inhalt festhalten, der aber eben nach Hegel nicht mehr Religion, also auch nicht mehr Christenthum, sondern Philosophie ist. Es widerspricht dem Begriff der Entwickelung, dass das, was wir unter Christenthum verstehen, für die ganze fernere Lebensdauer des Menschengeschlechts als absolute Religion fortbestehe (weil dann ein Process

wäre, der nicht Entwickelung ist); es widerspricht aber ebensowohl dem Begriff der Entwickelung, dass eines der tiefsten menschlichen Bedürfnisse, das nimmermehr bloss auf einem trügerischen
Schein beruht haben kann, plötzlich aufhören sollte, weitere Blü-
then zu treiben, weil es die absolute Unwahrheit seiner specifischen Eigenthümlichkeit, seines eigentlichsten Strebens, erkannt
hätte. Die Religion kann nimmermehr in Metaphysik aufgehen,
denn das religiöse Bedürfniss ist etwas von dem metaphysischen
Bedürfniss wesentlich verschiedenes, da ersteres sehr lebhaft sein
kann, wo letzteres fast ganz fehlt (z. B. bei den Juden, soweit
sie rein semitischen Bluts waren). Das erstere ist ein Bedürfniss
des Gemüths, das letztere eins des Verstandes, — diesen totalen
Unterschied hat der durch und durch abstracte Hegel nicht begriffen. Wie häufig auch metaphysische und religiöse Systeme
Hand in Hand gegangen sein mögen, doch kann man ihre Geschichte nicht schreiben, ohne ihre Entwickelungsgänge zu trennen, und so werden sie auch in Zukunft immer mehr oder weniger getrennt bleiben. Religiosität ruht in erster Reihe auf dem
Cultus, gleichviel ob sich der Cultus, den das Gemüth mit dem
ihm Heiligen treibt, auch äusserlich in Handlungen verräth oder
nicht; der Cultus aber ruht wieder auf dem Gefühl der Pietät,
gleichviel, welches die Gegenstände dieser Pietät sind, (ob Fe-
tische, Heilige, Götter, die Natur oder Ideen). Ein gelehrter und
streng gläubiger Theologe kann ein ganz irreligiöser Mensch sein,
wenn er die äusserlichen Cultushandlungen seelenlos mitmacht,
der Pflicht des Gebetes gemüthlos nachkommt, und kein Bedürfniss und kein Verständniss für den inneren Cultus durch das Gefühl hat. Das religiöse Gemüth aber findet immer Gegenstände
für seinen Cultus, und wären es bei gänzlicher Ermangelung über-
menschlicher Objecte nur die Geliebten der Umgebung, oder ein
Topfgewächs am Fenster, oder eine Stätte der Erinnerung; es
behandelt dann selbst solche Dinge mit Pietät. Es kann daher
sehr wohl auch der Inhalt der Hegelschen Philosophie Inhalt
menschlicher Religiosität sein, aber dann eben nicht als Philosophie oder Metaphysik, sondern als Gegenstand des Gefühlscul-
tus der Pietät. (Wo der Cultus sich auf Ideen wirft, äussert er
sich meist als Pathos, z. B. für Wahrheit, Sittlichkeit, Humanität.)
So werden wir denn dem Begriff der Entwickelung besser als

Hegel gerecht werden, wenn wir weder das Christenthum für das unübertreffliche *non plus ultra* von Religion halten, noch auch annehmen, dass die Religion als solche jemals in der Philosophie auf- oder vielmehr untergehen werde, wenn wir auch hoffen, dass die metaphysischen Objecte des religiösen Cultus im Laufe der weiteren Entwickelung mehr und mehr sich derartig entwickeln, dass das ideale Ziel eine Uebereinstimmung zwischen dem Geistesbrode des gemeinen Volkes und den Resultaten der allumfassenden Einen Wissenschaft bildet.

Aber gesetzt den Fall, die „absolute" Religion wäre, wie Hegel will, seit ihm in der Hegelschen Philosopie aufgehoben, so fragt sich weiter: **was wird nun aus dieser Philosophie,** die nach Hegels Auffassung als das höchste und letzterreichte Entwickelungsstadium der vorangegangenen wissenschaftlichen Entwickelung vor uns steht? Dieses System, das alle vorhergegangenen in sich aufgehoben haben will, behauptet, sich bis zum letzten Gipfel, dem absoluten Wissen, aufgeschwungen zu haben, und somit selbst die absolute Philosophie zu sein, d. h. eine Philosophie, die nur noch in sich ausgebaut und innerhalb des vorgezeichneten Rahmens ins Detail verbreitet aber nicht mehr vertieft werden kann. Die Entwickelungsgeschichte der Philosophie soll also mit Hegels System ihren endgültigen Abschluss gefunden haben. Da nun doch der bewusste Geist ewig sein soll, so wird sich in Zukunft der Process des Geborenwerdens und Sterbens in endloser Einförmigkeit weiter abspielen, ohne dem höchsten Ziel des Bewusstseins, das in der Hegelschen Philosophie bereits erreicht ist, und das zugleich das Ziel des ganzen Weltprocesses ist, noch irgend etwas zusetzen zu können; d. h, der Grundsatz, dass der Weltprocess Entwickelung sei, gilt nur für die Vergangenheit und nicht für die Zukunft, in deren einförmiger Tretmühle die Kinder nur geboren werden, um in der Volksschule Hegelsche Philosophie zu lernen, ihres Gleichen zu zeugen, die desselben Glückes theilhaftig werden, und dann wieder vom Schauplatz abzutreten. Aerger hat sich Hegel wohl niemals an dem Begriff der Entwickelung versündigt, als da er in der Eitelkeit des absoluten Wissens in der Philosophie das letzte Wort gesprochen zu haben wähnte. Freilich gehört es zu „dem Härtesten, was das Denken sich zumuthen kann", sein Leben an die

Aufgabe dos Erkennens, an die Verbreitung des Erkannten zu
setzen, und trotz des hierzu nothwendigen Pathos der Wahrheit,
trotz der unentbehrlichen Kraft der Ueberzeugung, dennoch sich
zu sagen, dass die Wahrheit, an die man sein Alles setzt und
die einem hierzu nothwendig absolut erscheinen muss, doch nur
relativ und zur Ueberwindung bestimmt sei. Giebt doch Hegel
zu, dass jede Philosophie nothwendig ein Kind ihrer Zeit sei,
und aus den Anschauungen derselben so wenig herauskönne, wie
der Mensch aus seiner Haut; und wenn nun auf den Ruinen dieser Zeit sich eine neue erhebt, sollte dann die Philosophie das
einzige Kind der alten Zeit sein, das dem Geschick der Kinder
des Kronos entgeht? Wird eine neue Zeit, die von neuen Anschauungen beseelt ist, die Philosophie der Vergangenheit unan-
getastet lassen, die doch nur die Anschauungen der Vergangenheit athmet? So gewiss die Entwickelung über den absoluten
Staat Hegels und seiner Zeit zur Tagesordnung fortgeschritten
ist, so gewiss wird sie es über die ganze Hegelsche Philosophie,
freilich nicht ohne sie als aufgehobenes Moment bestehen zu
lassen.

Ausser Religion und Wissenschaft war es, wie schon erwähnt,
der Staat, dem Hegel die Entwickelung der Zukunft unterbin-
den und die Stagnation an ihre Stelle setzen zu können glaubte.
Die immanente Kritik der Hegelschen Staatslehre aus dem Begriff der Entwickelung heraus ist von Arnold Ruge so trefflich
und so geistreich durchgeführt worden, dass ich mich in diesem
Punkte ohne Weiteres auf ihn berufen kann (vgl. „Aus früherer
Zeit" Bd. IV. Berlin, Franz Duncker 1867 S. 337—435).
In der Philosophie der Geschichte befolgt Hegel eine entgegengesetzte Auffassung, denn dort erkennt er das Recht der Idee
an, die begrifflich überwundene aber noch in der Existenz vorhan-
dene Stufe aufzuheben, was nur durch den Kampf geschehen kann;
blickt er aber auf die Phase der Geschichte, welche für ihn die
letzte erreichte ist, so erscheint sie ihm in ihren Hauptgestaltun-
gen (Religion, Wissenschaft, Staat) im Wesentlichen als die letzte
erreichbare, so dass nicht recht abzusehen ist, auf welchem
Gebiet die Entwickelung der Geschichte noch principiell weiter
führen soll. Für den Staat wird dies nur insofern verhüllt, als
die Staatslehre in das Nebelgewand des Ideals gehüllt wird, wel-

ches nur unsicher die Formen des damaligen preussischen Polizei-
staates als diejenige Gestalt hindurcherkennen lässt, nach der dem
Gewande das Maass genommen ist. Es fehlt aber durch diese
Entrückung in die ideale Sphäre dem Hegelschen Staate die Hinwendung zur Existenz und zum historischen Boden, und zwar in
doppelter Beziehung: nicht nur nach vorwärts die historische Auf-
hebbarkeit und existentielle Ueberwindbarkeit, sondern auch nach
rückwärts die historische Begründung. Er ist nicht eine historische Kategorie, als Product allmählicher Entwickelung aus den
Factoren des Volkscharakters, des Bodens und der geschichtlichen
Berührungen und Verhältnisse resultirend, sondern eine logische
Kategorie, ein abstractes Schema. So steht Hegels Politik
ausserhalb seines Grundbegriffs der Entwickelung, welcher hier auf
dem Gebiete des Staats der wenn irgend etwas eine historische
Erscheinung ist, — durchaus nur als historische Entwickelung
einen Sinn haben kann. Damit ist sie gerichtet, aber der tiefere
Grund, weshalb Hegel hier seinem Princip untreu wurde, ist, neben seinem Optimismus im Allgemeinen, darin zu suchen, dass
er sich ganz der neuen Freude hingab, in den gegebenen Staats-
formen Vernunft gefunden zu haben, so sehr, dass er über der
Aehnlichkeit seiner logischen Kategorie des Staats mit der historisch gegebenen realen den Unterschied vergass. In der Neuheit
dieser gleichsam narkotisch wirkenden Entdeckungsfreude besteht
sein Conservatismus; in der Reaction auf diesen Rausch, in dem
ebenso einseitigen Hervorkehren der Differenz besteht der Revo-
lutionarismus der Jung-Hegelianer. Die Wahrheit liegt in dem
Anerkennen der relativen Berechtigung beider Momente; ohne
verkennen zu wollen, dass, wenn man nur zwischen den einseitigen Extremen zu wählen hat, die Revolution d. h. die sich selbst
überstürzende Entwickelung immer noch besser sei als die Stagnation, weil erstere doch wenigstens den Sumpf einmal aufrührt,
so ist doch eine gedeibliche und gesunde Entwickelung in beiden
Fällen unmöglich. Die Stagnation gleicht einer Uhr, welche steht,
weil die Feder herausgenommen ist, die Revolution einer Uhr,
welche abschnurrt, weil das retardirende Element herausgenommen: soll sie jemals wieder richtig gehen, so bleibt nichts übrig
als sie zurückzustellen. Diese Wahrheiten sind in der deutschen
politischen Entwickelung auch bereits von allen mittleren Parteien

anerkannt, und der Streit dreht sich nur noch um das Schneller
oder Langsamer, um das Mehr oder Weniger des accelerirenden
und des retardirenden Elements der Entwickelung. Es ist richtig, dass „die wahre Verbindung des Begriffs mit der Wirklichkeit nicht in der Apotheose der Existenz zum Begriff sondern in
der Incarnation des Begriffs zur Wirklichkeit zu suchen ist"
(Ruge); aber eben weil man es bei dieser Incarnation mit der
Umbildung historischer Existenzen zu thun hat, schadet ein Ueber-
eilen aus Verkennung der Aufnahmefähigkeit dieser Existenzen
weit mehr als eine mässige Verspätung. Die wahre und gesunde
Beschleunigung des Entwickelungsprocesses ist deshalb allein in
einer Steigerung der Aufnahmefähigkeit der historischen Existenzen für höhere Formen der Idee, d. h. in Steigerung der Bildung, zu finden; auch diese Erkenntniss bricht sich nachgerade
in allen Parteien Bahn.

Diesem Verständniss einer wirklich historischen Entwickelung
ist Hegel in der Philosophie der Geschichte am nächsten gekommen. Er spricht es hier noch einmal mit Nachdruck als Princip
der Geschichte aus, dass die Vernunft „die Substanz, wie die
unendliche Macht, sich selbst der unendliche Stoff alles natürlichen und geistigen Lebens, wie die unendliche Form, die Bethätigung dieses ihres Inhalts ist." „Dass sie sich in der Welt
offenbart, und nichts in ihr sich offenbart als sie, ihre Ehre und
Herrlichkeit, das ist es, was, wie gesagt, in der Philosophie bewiesen, und hier so als bewiesen vorausgesetzt wird." So wird
der Satz verständlich: „was wirklich ist, das ist vernünftig, und
was vernünftig ist, das ist wirklich." D. h. nur was für diesen
Augenblick vernünftig ist, ist wirklich, nicht was überhaupt oder
an sich vernünftig ist, aber vernünftiger Weise erst in späteren
Stadien der Entwickelung sich verwirklichen kann oder unter
überwundenen Zuständen einmal vernünftig war. „Die Entwickelung, die in der Natur ein ruhiges (?) Hervorgehen ist, ist im
Geist ein harter unendlicher Kampf des Geistes gegen
sich selbst." Da nun die Momente dieses Kampfes, die überwindenden und die zu überwindenden, zugleich sind, so sind letztere, welche an und für sich nur auf einer früheren Stufe vernünftig waren, jetzt nur insofern noch vernünftig, als der Kampf
selbst vernünftig genannt werden kann, der freilich ohne sie nicht

wäre. Diess ist aber eben die Frage, warum denn „der harte unendliche Kampf" sein müsse, wenn nichts ist als die Vernunft, ihre Ehre und Herrlichkeit! Warum kann die Geschichte nicht auch friedliches Hervorgehen der höheren aus der niederen Form sein? Hegel selbst lehrt uns: weil „der Uebergang der Bestimmung in ihre Verwirklichung vermittelt ist durch Bewusstsein und Willen", die zunächst (in der Individuation) der natürlichen Selbstsucht hingegeben sind. Bewusstsein und Eigenwille sind allerdings Product der Individuation, aber eben die Individuation vermag Hegel aus seinen Principien nicht zu begreifen, und sie rächt sich hier für, die sonstige Verachtung des einzelnen Dieses, indem sie sich als unentbehrlich für das Verständniss der historischen Entwickelung erweist. Folge der Bewusstseinsentstehung ist der Irrthum, Folge der Entstehung des Eigenwillens die mit den Interessen des Allgemeinen collidirende Selbstsucht. Erst dadurch, dass der Eigenwille der Individuen sich in seinen selbstsüchtigen Interessen gegen den Fortschritt des Ganzen und die von diesem verlangten Opfer versteift, wird der harte Kampf des Geistes gegen sich selbst möglich. Aber dieses sich Versteifen des Eigenwillens setzt ein Unvernünftiges voraus, d. h. etwas, das sich dem friedlichen und sachgemässen Fortschritt der Vernunft widersetzt. Wären die Individuen gar nichts weiter als Incarnationen der Vernunft, so wäre es trotz der Individuation unbegreiflich, wie die vernünftige Entwickelung dazu käme, ein harter Kampf zu sein; denn die Individuen müssten als Incarnationen der Vernunft nothwendig immer im Normalschritt mit der Entwickelung der allgemeinen Idee mitgehen, und die in ihnen incarnirte Vernunft müsste in jedem Augenblick so weit als nöthig die particulären Interessen beherrschen, um alle realen Conflicte zu vermeiden. Die formelle, thatsächliche Fortexistenz eines ideell bereits überwundenen Rechtes ist ein für den Panlogismus schlechthin unmöglicher Begriff, der formulirte Widerspruch der Erfahrung gegen das exclusiv logische Princip. Nur wenn das Vernünftige bloss den Inhalt des unlogischen Willens bildet, kann die Individuation des letzteren dazu führen, dass die vernunftlose Form des Wollens in der individuellen Erscheinung eigensinnig eine für das allgemeine bereits überwundene Stufe des Inhalts festhält. Der Eigenwille enthält also thatsächlich etwas Unlogi-

4

sches, etwas Vernunftwidriges in sich, das erst durch die eiserne
Gewalt der Thatsachen zur Raison gebracht werden muss.
Dieses vernunftwidrige Element kann nicht aus dem Logischen,
sondern muss aus dem Unlogischen herstammen, d. h. aller Eigen-
,wille setzt den Willen als metaphysisches Princip (neben der Idee)
voraus. So verkehrt und unmöglich Schopenhauers Versuch ist, den vernünftigen Intellect aus dem unvernünftigen Willen vermittelst des anthropologischen
Phänomens ableiten zu wollen, gerade ebenso verkehrt
und unmöglich ist der umgekehrte Versuch Hegels,
den unvernünftigen Eigenwillen aus der logischen Idee
vermittelst der anthropologischen Entwickelung de-
duciren zu wollen. Das eine ist nicht um ein Haar gescheu-
ter als das andere. So führt das Erklärungsbedürfniss der empirisch wahrgenommenen Beschaffenheit der historischen Entwickelung ebenso nothwendig zur Anerkennung eines unlogischen Princips neben dem logischen, wie die rein metaphysische Betrachtung. Hegel fühlt diess gleichsam durch, und der harte unendliche Kampf des Geistes gegen sich selbst, den er theoretisch
zugiebt, ist ihm so unangenehm und unbequem, dass er *in praxi*
doch wieder alles am liebsten im Lichte eines idyllisch-friedlichen
Hervorgehens sehen möchte, d. h. wo er irgend kann, die *logische*
Entwickelung für die historische substituirt.

Wir haben oben gesehen, dass der Begriff der Entwickelung
Halt und Stütze nur am Begriff des Zweckes findet, und erst
durch die Beziehung auf ein bestimmt zu erreichendes Ziel möglich wird. Es entsteht die Frage, wie Hegels Philosophie der
Geschichte sich zum Endziel der historischen Entwickelung stellt.
Die gemeine Logik stellt folgende Alternative: entweder ist das
Ziel der Entwickelung gegenwärtig schon erreicht oder nicht. Betrachten wir zunächst den letzteren Fall, so liegt es entweder in
endlicher oder in unendlicher Zeitferne. Liegt es in endlicher Zeitferne, so wird es in einem bestimmten Moment erreicht
werden, und muss in diesem Moment der Process entweder ganz
aufhören, oder aber er ist nicht mehr Entwickelung, wenn er noch
fortdauert. Liegt das Ziel in unendlicher Zeitferne, so ist keine
Entwickelung mehr möglich, so ist es so gut, als ob ein Ziel überhaupt nicht existirte, weil jede durchlaufene endliche Strecke den

Process dem Ziel ebenso unendlich fern lässt, als er vorher war. Ein Process mit unendlich fernem Ziel ist ebensowenig Entwickelung, wie das Wasserschöpfen der Danaiden eine productive Arbeit ist, und grade Hegel, der auf diese „schlechte" Unendlichkeit so viel Galle ausgeschüttet hat, kann am wenigsten dieses Zugeständniss versagen. Der Fall, dass das Ziel der Entwickelung schon jetzt erreicht sei, fällt für die gemeine Logik begrifflich mit dem zusammen, dass es in endlicher Ferne erreicht werde, sobald man sich die Länge der Strecke = 0 denkt. Hegels Dialektik aber, welche die Einheit des Widerspruchs vollzieht, belehrt uns, dass das Ziel der Entwickelung ebensowohl in jedem Moment erreicht sei, wie es uns beständig noch als zukünftiges vorschwebe. Hier ist zunächst zu bemerken, dass ein Erreichtsein des Zieles auf jeder Stufe den Begriff der Entwickelung vernichtet, indem dann jede Stufe gleich hoch mit jeder andern steht, es also keinen Fortgang vom Höheren zum Niederen mehr giebt, der erst den Begriff der Entwickelung möglich macht. Es involvirt diese Behauptung die andere, dass jede Stufe des Processes in sich einen absoluten Werth und absolute Befriedigung habe, eine Behauptung, welche als der crasseste Optimismus jedem unbefangenen Hineinblicken in den Jammer der Welt Hohn spricht, und zugleich consequenter Weise zum Quietismus nöthigt, weil sie jeden Trieb zerstört, über diesen in sich befriedigten Zustand von absolutem Werth hinauszustreben, — ein optimischer Quietismus, dem das politische Verhalten Hegels vollständig entsprach. Freilich liegt dieser optimistische Zug wiederum in der Einseitigkeit des Panlogismus begründet, denn wie soll eine Welt, in welcher nichts als die Herrlichkeit der Vernunft sich an der Vernunft als an der einzigen Substanz offenbart, wohl anders als herrlich und wunderschön ausfallen, so dass sie nichts zu wünschen übrig lässt, da ein die Herrlichkeit störenkönnendes Element schlechterdings nicht existirt? Aber es ist auch zu constatiren, dass Hegel selbst die Unmöglichkeit fühlte, das Erreichtsein des Ziels in jedem Moment mit dem Wesen der Entwickelung zu vereinbaren, und dass er desshalb das Ziel zugleich als ein zukünftiges bestehen lassen wollte. Da ist nun wiederum zu fragen, ob als ein endlich fernes oder ob als ein unendlich fernes; offenbar das letztere, wenn die Behauptung nicht

Lügen gestraft werden soll, dass der Process und die Entwickelung ewig sei. Da aber ein unendlich fernes Ziel ebenso wenig
den Begriff der Entwickelung möglich macht wie ein in jedem
Moment erreichtes, so wird auch wohl die Verbindung beider, ihn nicht möglich machen, auch dann nicht, falls sie
selbst möglich wäre. In diese unmögliche Synthese unbrauch-
barer Glieder setzt aber Hegel den Begriff der Entwickelung in
seiner Philosophie der Geschichte, und verirrt sich damit noch
viel weiter von ihrem wahren Begriff als in der Religionsphiloso-
phie, Geschichte der Philosophie und Politik, wo er sie in die
Stagnation eines absoluten Zustandes münden lässt. — Sehen wir
von der Unmöglichkeit einer dialektischen Synthese ab, und versuchen wir zwischen dem in jedem Moment erreichten und dem
noch zu erreichenden Ziel eine Synthese auf die Art, wie sie allein möglich ist, d. h. durch quantitative Theilung (Fichte), um
zu sehen, was wir gewinnen können. Das Ziel soll also in jedem Moment der Entwickelung zum Theil erreicht sein, zum andern Theil aber noch zu erreichen sein, so zwar, dass mit jeder
folgenden Stufe der Entwickelung der erreichte Theil ein wenig
zunimmt, der noch zu erreichende ein wenig abnimmt. Hier muss
nun auch der Process begrifflich unterschieden werden je nach
seinen Beziehungen zu dem bereits erreichten oder zu dem noch
zu erreichenden Ziel. In ersterer Beziehung ist er blosse Behauptung des Erreichten, also Stagnation, in letzterer Beziehung
allein Entwickelung, denn nur in letzterer Beziehung hat er ein
Ziel vor sich. Da aber der noch zu erreichende Theil des Ziels
immer kleiner wird, wird der Antheil der Stagnation am Process
immer grösser und der Antheil der Entwickelung immer kleiner,
d. h. die Entwickelung verläuft sich im Sande. Da ihre Intensität vom treibenden Moment, d. h. dem Zweck abhängt, so
wird ein quantitativ von 0 wenig mehr unterscheidbares Ziel auch
nur noch einen von 0 wenig mehr unterscheidbaren Impuls er-
theilen, oder die Entwickelung wird mit 0 Geschwindigkeit am
Endziel ankommen, wenn sie nicht vorher an Trägheit oder Rei-
bung völlig erlahmt. Es liegt auf der Hand, dass eine solche
Entwickelung wenig dem Grundsatz entspricht, dass aller Process durch und durch Entwickelung sei.
Wie dem auch sei, wir haben soviel als unumstösslich er-

kannt, dass die Entwickelung nothwendig ein Endziel in endlicher Ferne voraussetzt, und dass nach Erreichung dieses Endziels der Process ganz aufhören muss, wenn nicht Stagnation die Entwickelung ablösen soll. Nach dem Princip der Entwickelung ist Erlöschen des Processes eine Folge und zwar eine logisch nothwendige Folge der Entwickelung, welche in dem Princip bereits an sich mitgesetzt ist. Es entsteht die Frage, ob das Erlöschen des Processes uur inhärirende Folge, oder eigentlicher Endzweck der Entwickelung sei. — Sollte das Aufhören nicht Endziel der Entwickelung sein, so müsste letzteres vor dem Erlöschen liegen, weil hinter dem Erlöschen überhaupt nichts mehr liegt; aber doch kann das Endziel auch nicht mehr im Process der Entwickelung liegen, denn sonst wäre es nicht Endziel der Entwickelung sondern Stufe derselben; es dürfte aber auch nicht in zeitlicher Ausdehnung zwischen der Entwickelung und dem Erlöschen liegen, denn sonst wäre es Stagnation. Das Endziel könnte also in diesem Falle nur der Grenz-Moment sein, welcher zugleich Ende der Entwickelung und Anfang des Nichtmehrseins des Processes ist. Dieser Moment ist aber etwas in sich nichtiges, und kann keinen Werth an sich selber haben; ebenso wenig kann er seinen Werth und seine Bedeutung rückwärts in der durchlaufenen Entwickelung finden, da er dieser selbst erst ihren Werth verleihen soll; folglich kann er nur als Anfangspunkt oder Inauguration des neuen Zustandes den Werth haben, um dessen willen er bezweckt wird, d. h. der Endzweck der Entwickelung kann überhaupt nirgends anders als im Aufhören des Processes liegen.

Dieses aus dem Hegelschen Princip streng logisch gefolgerte Resultat wird freilich manchen Hegelianer überraschen, weil Hegel selbst diese Consequenz verkannt hat, ebenso wie er die (selbst von Fichte wohlbegriffene) Unmöglichkeit nicht einsehen wollte, dass die Entwickelung aus sich selbst anheben könne. Von dem hier gewonnenen Gesichtspunkt aus folgt letztere Wahrheit ebenso gut rückwärts, als sie a priori an sich klar ist. Denn wenn das Ziel der Entwickelung die Aufhebung des Processes sein muss, so kann der Process selbst nicht etwas erst durch die Entwickelung und mit derselben gesetztes sein, sondern muss von Natur das Prius der Entwickelung sein, weil sonst die Entwicke-

lung sich selbst widerspräche, indem sie den Process nur deshalb
anhöbe, um ihn aufzuheben, d. h. indem sie heute ein Loch
ausgrübe, um es am nächsten Tage wieder auszufüllen. Wenn
nicht der Process etwas nicht von der Hand zu Weisendes wäre,
so wäre die Entwickelung das überflüssigste und zweckloseste
Ding von der Welt, also keine Entwickelung. Freilich beginnt
der actuelle Process sofort als Entwickelung, aber die Entwickelung beginnt doch sofort mit dem Zweck, ihn aufzuheben, muss
also wenigstens begrifflich später sein. Die Entwickelung kann
aber auch überhaupt nicht aus sich selbst anheben, denn sie hätte
keinen Zweck, wenn nicht etwas wäre, was nicht sein sollte, oder
doch nicht so sein sollte wie es ist, und welches zugleich sich
als nicht sein sollendes empfindlich machte (was das Nichtsein
nicht kann). Da also die Entwickelung nicht in sich selbst sondern nur in einem Andern ihren Ausgangspunkt finden kann,
welches sich als nicht so sein Sollendes empfindlich macht, so
kann diess Andere nur das Unlogische, und zwar das zum Sein
erhobene actuelle Unlogische sein, welches ins Nichtsein zurück-
zuwerfen die Entwickelung bezweckt. So ergiebt sich aus
dem reinen Begriff der Entwickelung die Nothwendigkeit des Unlogischen als Principes.
    Da das Logische sofort in die Entwickelung eintritt, sowie
das Unlogische sich als seiend geberdet, so muss die (letzte) Er-
hebung des Unlogischen aus dem Nichtsein zum Sein von der
Gegenwart an gerechnet erst eine endliche Zeit her sein, da andernfalls die Entwickelung schon zum Ziele geführt haben müsste,
Der Begriff der Entwickelung fordert mithin ebenso gebieterisch
eine endliche Vergangenheit wie eine endliche Zukunft. Hegel's
ewiger Process vernichtet den Begriff der Entwickelung. Seine
Idee, die sich ewig in die Natur entlässt, um ewig als Geist zu
sich zurückzukehren, ist eine Tretmühle, bei der jedem gesunden
Verstande schwindeln muss, aber keine Entwickelung; er hat nur
die drei logischen Haupt-Momente seines Systems nach ihrer be-
grifflichen Reihenfolge geordnet, aber nimmermehr darin die historische Entwickelung des Weltprocesses gezeichnet. Hegel hat
sein wahres Ziel trotz seines fruchtbaren Princips nur deshalb
verfehlt, weil er dem Princip nicht treu genug blieb, und dasselbe
nicht zu Ende dachte. Er hat die höchste und letzte Aufgabe,
das Endziel der Entwickeluug, an dem die Glieder gemessen wer-

den müssen, zu bestimmen, nicht gelöst, und wo er versucht, dasselbe zu nennen, schwankt er im Ausdruck. Die Freiheit kann dieses Endziel nicht sein, denn die Entwickelung und Selbstbestimmung der absoluten Idee ist ja immer und ewig eine freie, weil nichts da ist, was die alleinige Substanz von aussen bestimmen könnte. Die Freiheit ist ohnehin nur das Formelle am Vernünftigsein, eine rein negative und insofern (für das Absolute) nichtssagende formelle Bestimmung; somit kann auch der Fortschritt im Bewusstsein der Freiheit nicht Entwickelungsziel sein. Es bleibt die Steigerung des Bewusstseins überhaupt. Diese hat allerdings jenen Charakter eines auf jeder Stufe theilweis erreichten und theilweis noch zu erreichenden Zieles, aber das Maass dieser Steigerung findet seine Bestimmung nur an dem für die Erreichung des wahren Endzieles (das Aufhören des Processes) nothwendigen Grade. Auch kann das Bewusstsein an sich schon deshalb nicht Entwickelungsziel sein, weil mit seiner Steigerung das gefühlte Elend des Daseins sich steigert. Die Bewusstseinssteigerung kann also selbst nur Mittelzweck, Mittel zum Endziel sein, welches letztere nicht auf jeder Stufe theilweise, sondern nur erst im letzten Moment ganz und auf einmal erreicht werden kann.

Ich hoffe, das Versprechen einer immanenten Kritik erfüllt und in derselben nachgewiesen zu haben, dass Hegels Philosophie nicht die consequente Ausführung ihres Princips ist, dass sie vielmehr einer gründlichen Umgestaltung für alle diejenigen bedarf, welche gesonnen sind, an dem 'Grundprincip Hegels festzuhalten, das nach meiner Ueberzeugung eine unerschütterliche Wahrheit besitzt. Wiederholen wir uns, was positiv aus dem Grundsatz folgt, dass der Weltprocess durch und durch Entwickelung sei, so ist es folgendes: Entwickelung kann nur zeitlich (nicht ewig) gedacht werden, also muss der Weltprocess nach rückwärts und vorwärts zeitlich begrenzt sein. Entwickelung fordert einen Endzweck, der nur im Aufhören des Processes bestehen kann. Die Idee vor Beginn der zeitlichen (realen) Entwickelung ist nur formales Moment des Logischen, als solches rein-seiend und inhaltsleer, zugleich aber das Reich der unendlichen logischen Möglichkeit. Die Entwickelung kann nicht aus der Idee allein anheben, sondern nur aus dem Unlogischen, das sich in's Sein erhebt. Der

Endzweck der Entwickelung, das Aufhören des Processes, ist identisch mit der Zurückwendung des Unlogischen in's Nichtsein oder
reine Wesen (Potenz). Das Mittel zur Erreichung des Endzwecks
ist ein hochgesteigertes Bewusstsein. Auf diesen Mittelzweck
arbeitet die reale Entwickelung als kosmogonische, geologische,
biologische und menschheitliche Entwickelungsgeschichte hin.
Diess sind nach meiner Ansicht die Grundlinien eines con-
sequenten logischen Evolutionismus, als deren Vertreter ich das
Recht zu haben glaube, mich einen Hegelianer von 1870 nennen
zu dürfen. Dass aber Hegel den Gedanken, dass Alles logische
Entwickelung eines logischen idealen Inhalts ist — diesen Gedanken, den die Besten vor ihm nur geahnt und bruchstückweise
angedeutet hatten, zum philosophischen Princip erhoben, und von
ihm aus den Ausbau eines philosophischen Systems versucht hat,
das ist seine unsterbliche That, für die der Dank der Nachwelt
sein Grab mit dem unverwelklichen Lorbeer schmückt.

Dritte Abhandlung.

Ueber die nothwendige Umbildung der Schopenhauerschen Philosophie aus ihrem Grundprincip heraus.

Schopenhauers System ist eine Verbindung des Realismus mit dem Idealismus, des Spiritualismus mit dem Materialismus, indem alles Sein in Wille und Intellect, und in Wesen und Erscheinung geschieden wird, und die Seite des Willens und Wesens dem Realismus und Spiritualismus, die Seite des Intellects und der Erscheinung dem subjectiven Idealismus und Materialismus zugewiesen wird, während ein embryonischer objectiver Idealismus als fünftes Element durch jene vier hindurchspielt.

Schopenhauers unvergängliche Leistung lässt sich in folgenden Sätzen ausdrücken: „Die Annahme, dass der Wille nicht ohne bewusste Vorstellung sein und wollen könne, ist falsch. Alle Kraft ist Wille, aller Wille ist Einer: nichts ist real als Wille und Kraft, also ist alles Reale in dem Einen Willen befasst. Der Eine, untheilbare Wille spaltet sich nur in seinen Acten oder Actionen zur Vielheit, und kehrt dieselben gegeneinander." Hiermit ist eine Weltanschauung gegeben, welche die Andeutung Schellings (Werke Abth. I. Bd. 7, S. 350—352) ausführt, ein Monismus oder Pantheismus des Willens, wo alle Dinge Willen sind, die in einem Urwillen begriffen sind. Dies ist der unumstössliche und innerste Kern der Schopenhauerschen Philosophie, es ist der Brennpunkt, in dem alle ihre Strahlen zusammenlaufen, und ist die Ansicht, die das Wesen der Dinge bietet, abgesehen von ihrer Erscheinung. An dem Willensmonismus, wie er ihn scharf und deutlich in dem Schlussresumé seines Haupt-

werks formulirt hat, muss bei Beurtheilung der übrigen Theile des
Systems unbedingt festgehalten werden, auch wenn in denselben
Widersprüche gegen das oberste Princip sich herausstellen; nicht
an diesem sondern an den ihm widersprechenden Behauptungen
würde alsdann geändert werden müssen, um den Widerspruch
verschwinden zu machen.

Schon die Verbindung des subjectiven Idealismus mit dem
Realismus des Willens enthält einen solchen Widerspruch. Der
subjective Idealismus ist nur dann consequent, wenn er sagt:
„alles Vorgestellte ist nur Vorstellung"; dann aber ist er dasjenige, was Sch. als „theoretischen Egoismus" in's Narrenhaus
verweist, obwohl er denselben für unwiderleglich (!) erklärt.
Der Idealismus lässt keine Compromisse mit sich schliessen;
entweder ist alles von mir Vorgestellte nur meine Vorstellung,
dann ist auch der von mir vorgestellte Wille nur meine Vorstellung ohne transcendente Realität, also der realistische Willensmonismus ein falsches System; oder aber ich bin berechtigt aus
meiner bewussten Perception meines Willens auf die reale Existenz meines Willens zu schliessen, dann bin ich auch grade
ebenso berechtigt, aus meiner bewussten Perception meiner Uhr
auf die reale Existenz meiner Uhr zu schliessen, und dann ist
der subjective Idealismus falsch. Nach obigem Grundsatze würden wir das Letztere behaupten müssen, auch wenn der idealistische Standpunct nicht schon an sich berechtigungslos und unhaltbar wäre. Dass die ganze mir bekannte Welt eben damit eine
von mir vorgestellte sei, ist ein tautologischer Satz, den zu bestreiten, nie jemandem eingefallen ist; dass sie aber nur eine von
mir vorgestellte sei, d. h. dass sie nicht wäre, wenn ich (oder ein
anderes Subject) sie nicht vorstellte, das ist der Irrthum des Idealismus (vgl.: „Das Ding an sich und seine Beschaffenheit", C.
Duncker 1871, bes. S. 29—33), der keinen Compromiss mit Schopenhauers Ausnahme zulässt, dass sie jedenfalls doch mindestens
Wille sei (womit ausserdem über die Art und Weise der Actua-
lität des Willens im besonderen Fall noch gar nichts gesagt ist).
Kein Nichtidealist wird heute behaupten, dass das Wesen an sich
des realen Correlats zu dem von mir vorgestellten Dinge mit meiner Vorstellung des Dinges identisch sei, und ganz dem entspre-
chend ist Schopenhauers Vorsicht zu loben, mit welcher er aner-

kennt, dass das Wesen an sich des realen Correlats zu dem von meinem Bewusstsein percipirten Willen keineswegs mit letzterem identisch, sondern uns völlig unbekannt sei (W. a W. u. V. II. 221 unten); als Idealist aber müsste er die Existenz eines solchen unbekannten Correlats bestreiten, und behaupten, dass der Wille als subjective Erscheinung das Letzte sei.

Dass Schopenhauer nicht im Stande war, den subjectiven Idealismus zu überwinden, hat wohl darin seinen tieferen Grund, dass er keine Möglichkeit sah, auf andere Weise den vom instinctiven natürlichen Verstande gegen jede Art von Monismus erhobenen Einspruch zum Schweigen zu bringen. Der natürliche Verstand nimmt Vielheit der Dinge und Individuen wahr und widersetzt sich deshalb dem Monismus; diesen Widerstand, den Spinoza noch vornehm ignorirt, glaubt Schopenhauer nur dadurch zum Schweigen bringen zu können, dass er die wahrgenommene Vielheit für subjectiven Schein erklärt, wohingegen schon Schelling und Hegel erkannten, dass sie zwar nicht dem Wesen aber doch der göttlich oder objectiv gesetzten (nicht bloss subjectiv gesetzten) Erscheinung angehört. Eine völlig befriedigende Auseinandersetzung des Monismus mit dem natürlichen Verstande ist freilich nur vermittelst der Lehre vom Unbewussten möglich.

Der Wille ist ein immaterielles Princip, welches wir als wesentliches Moment des Geistes kennen; wir werden es daher wohl ein spiritualistisches Princip nennen dürfen. Im Gegensatz hierzu fasst Schopenhauer den Intellect rein materialistisch, indem er ihn mit Moleschott, Büchner und Vogt als Product der Nervenmaterie hinstellt. Er glaubt zwischen Spiritualismus und Materialismus einen Compromiss stiften zu können, indem er äusserlich ihre Gebiete abgrenzt. Dieser Versuch ist eben so unzulässig als werthlos. Unzulässig, weil alle Beweise für den rein materiellen Ursprung des Intellects ganz ebenso gültig oder ungültig für den des Willens sind, — werthlos, weil dieser partielle Widerstand gegen den Materialismus die Welt um nichts begreiflicher macht als der volle und ganze Materialismus. Die Materialisten haben unzweifelhaft Recht, wenn sie daran festhalten, dass die Integrität der Hirnfunction conditio sine qua non für die Integrität aller bewussten Geistesthätigkeit ohne Ausnahme

ist, da die Erfahrung lehrt, dass Abnormität der Hirnfunction eine
Abnormität ebenso wohl des Begehrungs- und Empfindungs- als
des Vorstellungslebens nach sich zieht. Nicht durch die in der
concreten Wirklichkeit ganz unstatthafte Zerschneidung des Geistes und Aussonderung der Willens- und Intellectsthätigkeit, sondern nur durch Unterscheidung der bewussten von der unbewussten Geistesthätigkeit lässt sich jenes physiologische Gesetz
anerkennen, ohne der Consequenz des vollen Materialismus zu verfallen. Der Materialismus aber schliesst deshalb die Unerklärlichkeit
des Weltprocesses in sich, weil er denselben zu einem Spiele blind
und sinnlos wirkender Elemente herabsetzt, welches die Entstehung sinnvoller und gar besinnungsvoller Organismen jeder Be-
greiflichkeit entrückt. Der consequente subjective Idealismus ändert an dieser Unbegreiflichkeit nichts, wenn er den objectiven
Process des Materialismus mit einem bloss innern und subjectiven
Vorstellungsprocess vertauscht; so sinnlos wie dort die sinnvolle
Welt, so sinnlos entsteht hier die sinnvolle Vorstellung der
Welt. Schopenhauer adoptirt beide Unbegreiflichkeiten, indem er
die unmögliche Verbindung von Materialismus und subjektivem
Idealismus vollzieht und dadurch noch den Widerspruch hinzufügt,
dass meine Vorstellungen Product meiner Hirnthätigkeit, mein individuelles Hirn und dessen Materie aber nichts als meine Vorstellung
sein soll; auch verbessert er die Sache keineswegs dadurch, dass er
den Willen von der Herrschaft des Materialismus ausnimmt, da
sein Wille eingestandenermaassen ein ebenso unvernünftiges, blin-
des und sinnloses Princip ist, wie die Materie und materiellen
Kräfte der Materialisten. Ganz anders stellt sich die Sache, wenn
man den Idealismus ein für allemal fallen lässt, das Gesetz von
der Integrität der Hirnfunction aber nur soweit gelten lässt, als
die Experimente es bestätigen, nämlich für die bewusste Geistesthätigkeit, wo dann ganz von selbst die unbewusste Geistesthätigkeit als rein immaterielle Function bestehen bleibt, und
die bewusste als Product der unbewussten und der Hirnfunction
sich darstellt.

Noch unmöglicher wird Schopenhauers halber Materialismus
und subjectiver Idealismus, wenn man das zweite Buch von „Die
Welt als Wille und Vorstellung" mitberücksichtigt, welches vom
reinen Subject des Erkennens und seinem Object, der Platonischen

Idee, handelt. Die Idee darf nicht mit dem Begriff verwechselt werden. „Der Begriff ist abstract, discursiv, innerhalb jener Sphäre völlig unbestimmt, nur ihrer Grenze nach bestimmt, Jedem, der nur Vernunft hat, erreichbar und fasslich, durch Worte ohne weitere Vermittelung mittheilbar, durch seine Definition ganz zu erschöpfen. Die Idee dagegen, allenfalls als adäquater Repräsentant des Begriffs zu definiren, ist durchaus anschaulich, und obwohl eine unendliche Menge einzelner Dinge vertretend" (nicht, wie der Begriff umfassend) „dennoch durchgängig bestimmt:... sie ist nicht schlechthin, sondern nur bedingt mittheilbar, indem die aufgefasste und im Kunstwerk wiederholte Idee Jeden nur nach Maassgabe seines eigenen intellectuellen Werthes anspricht". „Der Begriff gleicht einem todten Behältniss, in welchem das, was man hineingelegt hat, wirklich nebeneinander liegt, aus welchem sich aber auch nicht mehr herausnehmen lässt (durch analytische Urtheile), als man hineingelegt hat (durch synthetische Reflexion): die Idee hingegen . . . . . gleicht einem lebendigen, sich entwickelnden, mit Zeugungskraft begabten Organismus, welcher hervorbringt, was nicht in ihm eingeschachtelt lag". Wenn die Begriffe die universalia post rem, so sind die Ideen die universalia ante rem, also z. B. Repräsentanten der natürlichen Specien. Die Ideen geben das Wesen der Dinge in der Form der Vorstellung wieder, sind also dasselbe wie Kants Ding an sich. — Hier zeigt sich nun die Unhaltbarkeit des subjectiven Idealismus. Denn wenn nach idealistischen Principien dem Wesen der Dinge Raum, Zeit, Causalität und überhaupt jede Relation fremd ist, so müssen auch die Ideen, welche ja das Wesen der Dinge wiedergeben sollen, ganz ebenso wie das Kantsche Ding an sich, dieser Formen und Kategorien entbehren, wenn sie nicht in die Form der gemeinen Vorstellung zurückfallen sollen. Dies erkennt auch Schopenhauer wiederholentlich an. Nun frage ich aber, was bleibt für meine Vorstellung von diesem Thier übrig, wenn ich von ihm abziehen soll: 1) seine Farbe, Gestalt und die innere Lage seiner Theile (als räumliche Verhältnisse), 2) seine charakteristische Handlungsweise, Benehmen und Art zu leben (als zeitliche Verhältnisse), und 3) die seinem Element, klimatischen Verhältnissen, seinen Feinden und seiner Nahrung, sowie seinem Geschlechtsleben und Jungenerziehung ange-

passten Eigenthümlichkeiten desselben in Bau und Instincten (als
Relationen auf Anderes, namentlich als causale und teleologische
Beziehungen)? Dann habe ich in der That alles abgestreift, was
der Idee Inhalt gab, und der Rest ist gleich Null, das absolut
bestimmungslose X des Kantschen „Ding-an-sich". Also entweder
sind die idealistischen Principien richtig, dann giebt es keine
Ideen in Schopenhauers Sinne, da sich ihr Inhalt auf Null redu-
cirt, oder es giebt solche Ideen, dann ist der subjective Idealismus falsch. Da wir den Idealismus ohnedies schon als im Widerspruch mit Schopenhauers Grundprincip gefunden haben, so
werden wir die letztere Seite der Alternative annehmen und die
Idee ruhig weiter betrachten.

Die Ideen sind das „An sich", das Wesen, oder die ewigen
Urformen der Dinge (universalia ante rem); die vergänglichen
Erscheinungen gehen unmittelbar aus einem räumlichen und zeitlichen Auseinanderfallen der Ideen hervor. Andrerseits
giebt die Idee das Wesen der Dinge nur in der Form der Vorstellung, sie ist eine species des genus „Vorstellung." Wenn
wir aber „nicht nur unberechtigt, sondern auch unfähig sind,
die Erkenntniss und Vorstellung anders als ein Gehirnphänomen
zu denken", so folgt daraus, dass auch die Ideen nur als Gehirn-
phänomene gedacht werden können. Ist aber die Idee Gehirnphänomen, so ist sie das Phänomen eines Phänomens (des Ge-
hirns), folglich nicht an sich seiendes Wesen und Urform, aus
welcher erst jegliches Phänomen hervorgehen soll, ist auch nicht
ewig, sondern, wie jede Erscheinung, zeitlich, kurz ist nicht mehr
Idee. Ist hingegen die Idee in Wahrheit ewige, der Erscheinung
vorhergehende Urform, dann kann sie nicht Hirnproduct sein,
dann muss der Materialismus falsch sein.

Wir haben also gesehen, dass Schopenhauers Lehre von der
Idee ebenso wie seine Lehre vom Willen sowohl dem subjectiven
Idealismus als dem Materialismus widerspricht. Es fragt sich nun
bloss, ob und wie sich die Lehre von der Idee mit der Grund-
lehre des Einen Willens vereinigen lässt. Hierzu müssen wir
erstere noch genauer betrachten.

Vorstellung sein heisst nach Schopenhauer Object sein für
ein Subject. Da die Idee Vorstellung ist, muss auch sie Object für ein Subject sein; es fragt sich nun für welches? Schon

daraus, dass die Idee als Idee e w i g sein soll, werden wir schliessen müssen, dass auch das S u b j e c t, welchem sie Object sein
soll, e w i g sein müsse. Schon hieraus würde hervorgehen, dass
weder das vergängliche endliche Individuum noch die Summe der
zum Schauen der Idee befähigten Individuen (Menschheit) dieses
Subject sein könne, da keins von beiden ewig ist (die Menschheit jünger als wenige 100,000 Jahr). Schopenhauer bestätigt dies
aber auch selbst durch die Erklärung, dass nicht das Individuum
als solches zum Schauen der Idee befähigt sei, sondern erst n a c h
A u f h e b u n g   s e i n e r   I n d i v i d u a l i t ä t, d. h. also nach völliger
Losreissung von allen Banden des individuellen Interesses und
Bewusstseins, wo alsdann von dem bisherigen Individuum nur das
z e i t l o s e, r e i n e Subject der Erkenntniss übrig bleibt. Dieses
reine Subject des Erkennens ist das „e w i g e W e l t a u g e, welches, wenn auch mit sehr verschiedenen Graden der Klarheit a u s
a l l e n l e b e n d e n W e s e n s i e h t, unberührt v o m E n t s t e h e n
u n d V e r g e h e n d e r s e l b e n, und so a l s i d e n t i s c h m i t s i c h,
a l s stets eines und dasselbe der Träger der Welt der b e h a r r e n-
d e n Ideen ist, während das i n d i v i d u e l l e, und durch die a u s
d e m W i l l e n e n t s p r i n g e n d e Individualität in seinem Erkennen
getrübte Subject nur e i n z e l n e Dinge zum Object hat, und w i e
d i e s e s e l b s t v e r g ä n g l i c h i s t“. Also das Subject der gemeinen Vorstellung ist individuell, zeitlich, vergänglich wie diese, das
reine Subject der Idee ist individualitätslos, ewig (zeitlos), unvergänglich, und in allen Individuen eines und dasselbe, d. h. es ist
das E i n e a b s o l u t e Subject, wie der Wille der Eine absolute Wille
ist. Es ist klar, dass, wenn man den Materialismus trotz dem
vorher Gesagten noch festhalten wollte, man ihm nur für das individuelle Subject mit der gemeinen Vorstellung, nicht aber für
das reine — absolute — Subject der Idee Geltung einräumen
könnte, da das ewig Unvergängliche und Eine nicht Product der
vergänglichen vielen Erscheinungen (Gehirne) sein kann. Man
würde aber bei diesem Versuch das Wunder der Vereinigung des
ewigen absoluten Subjects mit dem phänomenalen individuellen
Subject mit in den Kauf nehmen müssen. Diesem Wunder ist
nur zu entgehen, wenn man den Materialismus ganz fallen lässt,
und die individuellen Subjecte bloss als i n d i v i d u e l l e p h ä n o-
m e n a l e E i n s c h r ä n k u n g e n d e s E i n e n a b s o l u t e n S u b j e c t s

auffasst, eine Auffassung, die Schopenhauer in der That nahe genug liegt, wenn er behauptet, dass durch Aufhebung der Schranken der Individualität aus dem gemeinen Subject das reine
Subject der Idee werden könne.

Eine andere Frage ist freilich, ob denn der Mensch befähigt sei, die Schranken seiner Individualität zeitweilig abzustrei-
fen und so die universalia ante rem zu schauen? Wie die Individualität sich objectiv als begrenzter Organismus, so stellt sie
sich subjectiv als Bewusstsein dar; eine Aufhebung der Individualität ist also in letzterer Hinsicht ohne Aufhebung des Bewusstseins schlechterdings undenkbar. Diese Consequenz spricht
Schopenhauer zwar nicht mit nackten Worten aus, aber er lässt
sie deutlich genug durchblicken, wenn er sagt, das Subject müsste
sich so im Object verlieren, dass es wäre, „als ob der Gegenstand allein da wäre, ohne Jemanden der ihn wahrnimmt, und
man also nicht mehr den Anschauenden von der Anschauung trennen kann, sondern beide Eines geworden sind". Allerdings seien auch in der Idee noch Subject und Object vorhanden, aber sie seien „in ihr nicht mehr zu unterscheiden, weil sie
sich gegenseitig vollkommen erfüllen und durchdringen", sich
nicht wie in der gemeinen (bewussten) Vorstellung fremd und ge-
sondert gegenüber stehen. — Jetzt erst erheben wir uns zur vollen Höhe des Verständnisses: Es ist nicht richtig, dass die ewigen Ideen blosse Objecte sind für ein ihnen gegenüberstehen-
des ewiges Subject; diese Trennung ist unwahr; die ewige Idee
ist vielmehr die ewig untrennbare Einheit des ewigen Subjects und seiner ewigen Objecte, die Idee ist ein ewiger intel-
lectualer oder intelligibler Anschauungsact*), in welchem Subject und Object als ununterscheidbare Momente
aufgehoben sind, die Idee ist das ewige Subject-Object.
Wenn das Bewusstsein in der gesonderten Gegenüberstellung von
Subject und Object beruht, so ist ihre ununterscheidbare Einheit
und vollkommene Durchdringung nothwendig Bewusstlosigkeit.
Wenn also der Mensch einer Anschauung der Idee fähig ist, so

---

*) Schelling beschreibt die intelligible oder intellectuelle Anschauung, welche
die Einheit des Subject-Objects erfassen soll, genau so wie Schopenhauer die
Anschauung der Idee beschreibt, nur dass ersterer ausdrücklich hinzufügt, dass
sie „im Bewusstsein gar nicht vorkommen kann".

ist er es jedenfalls nur auf mystischem Wege in unbewusstem
Zustande, und nicht mehr als Individuum, nicht mehr als Mensch,
sondern insofern er selbst das absolute Subject-Object ist, oder
vielmehr insofern das absolute Subject-Object er selbst ist. Dieses absolute Subject-Object oder die unbewusste Idee repräsentirt alsdann die Vorstellungsseite jener unbewussten Geistesthätigkeit, von welcher wir vorhin sahen, dass sie der eine Factor sein müsse, um mit der Hirnfunction als anderm Factor die
bewusste Geistesthätigkeit zu produciren. Es ist hierbei daran
zu erinnern, dass auch Schopenhauer die Idee für „einen lebendigen, sich entwickelnden, mit Zeugungskraft begabten Organismus" erklärt.

Wir haben also gesehen, dass die Doppelmissgeburt von subjectivem Idealismus und Materialismus mit den Grundbestandtheil-
en des Schopenhauerschen Systems in jeder Beziehung unver-
träglich ist, und dass sie durch einen objectiven Idealismus
ersetzt werden muss, zu welchem Schopenhauer selbst alle Elemente geliefert, welchen aber mit fester Hand zu ergreifen er
durch sein Festhangen an jenen falschen Theorien gehindert wurde,
über die er nur deshalb nicht hinauskam, weil ihm der Begriff
der unbewussten Vorstellung fehlte, die er doch ganz wohl aus
dem „transcendentalen Idealismus" des von ihm vielgeschmähten
Schelling hätte entnehmen können.

Betrachten wir nun, wie Schopenhauer selbst das Verhältniss
der Idee zum Willen bestimmte. Wie die Ideen das An-sich der
Dinge sind, so soll der Wille das An-sich der Ideen sein. Wenn
die Dinge die mittelbare, inadäquate, so sind die Ideen die unmittelbare, adäquate Objectivität des Willens. Wille und Idee
sind identisch mit Ausnahme einer einzigen Bestimmung,
nämlich der, dass die Idee die Form der Vorstellung hat. Diese
Behauptungen sind wenig geeignet, das Verhältniss deutlich zu
machen. Verständlicher ist die Angabe, dass die Ideen dem un-
theilbar-Einen Willen gegenüber „einzelne und an sich einfache Willensacte" seien, dass in ihnen der unendliche, blinde,
also noch ziellose Wille sich zu einfachen bestimmten Acten determinirt.

Hiernach wäre der Wille die Potenz, die Idee das Wollen
oder der Actus. Wenn aber der Wille als solcher blind ist,

wie soll er im Wollen sehend werden? Wenn er als Wille unendlicher, unvernünftiger Trieb ist, wie sollte er im Wollen nicht ebenso unendlich und ebenso unvernünftig sein? Wie soll der Ziellose es anfangen, sich selbst ein Ziel zu geben, wie der Bestimmungslose sich bestimmen, determiniren? Schopenhauer muss zugeben, dass ein Wille, der nicht etwas will, auch nicht wahrhaft und wirklich wollen, sondern höchstens nach dem Wollen ringen kann. — dass der Wille, der etwas will, dieses etwas sich zum Ziel oder Object des Wollens setzt, dass aber dieses Ziel nicht anders als in der Form der Vorstellung gedacht werden kann, da seine Aufgabe ist, etwas noch nicht Seiendes idealiter zu anticipiren. Dies alles erkennt Schopenhauer durch seine Lehre, dass die determinirten Willensacte Ideen seien, indirect an, aber er unterlässt es, im Willensact die beiden sich durchdringenden Momente zu unterscheiden: Das Wollen an sich als Actus des Willens, und das Ziel dieses Wollens; er vergisst es, dass nur das letztere, nicht aber das erstere die Form der Vorstellung hat, und dass nur das erstere Ausfluss des potentiellen Willens sein kann, das letztere aber ein besonderes, dem Willen entgegengesetztes, gleichberechtigtes und doch unentbehrliches Princip sein muss, dass aber nimmermehr die Idee vom ideenlosen Willen erzeugt werden könne. Er fühlt die Nothwendigkeit, dass sein einseitiges Grundprincip (der Wille) einer Ergänzung bedürfe (der Idee), aber er scheut sich, die Coordination beider zuzugeben, und glaubt uns mit seiner Versicherung abspeisen zu können, beide seien identisch und die Idee sei selbst der determinirte Willensact. Hat er also oben auf Seite der Erscheinung den objectiven Idealismus zu Gunsten des subjectiven Idealismus und Materialismus unterdrückt, so unterdrückt er ihn hier auf der Seite des Wesens zu Gunsten des Willens-Realismus, anstatt beide Seiten als gleichberechtigte Supplemente und Momente eines Realidealismus anzuerkennen, da doch der Wille ohne die Idee nicht zum wirklichen Wollen, die Idee aber ohne den Willen nicht zum wirklichen Sein und zur Entwickelung kommen kann. Ein solcher Realidealismus ist aber nichts weniger als Dualismus, sobald Wollen und Vorstellen nur als Attribute des Einen Wesens gefasst werden, eben so wenig wie der Spinozismus durch seine zwei Attribute (Denken und Ausdehnung) zum Dualismus wird.

Dies ist also die nothwendige Fortbildung, auf welche Schopenhauers eigene Gedanken und das Grundprincip seines Systems hinweisen. Abstossung des subjectiven Idealismus und Materialismus als widersprechender und falscher Elemente, Gleichstellung des Willensrealismus und objectiven Idealismus, und Vereinigung beider zum Idealrealismus oder vollen Spiritualismus (Wollen und Vorstellen umfassen den ganzen Geist), oder Monismus (Pantheismus) des Geistes. Wer Schopenhauers System möglichst in der überlieferten Gestalt conserviren und als Wahrheit aufrecht erhalten will, der freilich wird in der Ideenlehre Schopenhauers den schwächsten und ungereimtesten Theil seiner Lehre finden und folgerecht den objectiven Idealismus n o c h m e h r zu unterdrücken suchen, als Schopenhauer selbst es gethan. Wir hingegen werden grade in diesem Stiefkinde des Systems, das jenen andern Elementen gegenüber fast einem fünften Rad am Wagen zu gleichen scheint, den siegenden Durchbruch der ewigen Wahrheit wider Willen und Wissen des Urhebers erkennen, der in diesem Anhängsel nichts als ein Erklärungsprincip der Aesthetik zu schaffen beabsichtigte, in Wirklichkeit aber die Elemente lieferte, um die falsche Einseitigkeit seines blinden Willensrealismus von Grund aus zu überwinden.

Nachdem so der Hauptgegenstand unserer Betrachtung erledigt ist, komme ich schliesslich noch zu einer wichtigen Frage, dem Verhältniss des Individuums zu dem All-Einen Willen. — Schopenhauer der subjective Idealist sagt uns natürlich, dass alle Vielheit und Individualität b l o s s s u b j e c t i v e r S c h e i n sei, Schopenhauer der Realist hingegen belehrt uns, dass die Individualität vom W i l l e n gesetzt werde, indem der Wille sich in viele einzelne, in sich einfache Willensacte (Ideen) determinire, und diese wiederum durch ihr Zerfallen in Zeit und Raum die Vielheit der Erscheinung, also auch die einzelnen Individuen hervorbringen. Nur an den Bescheid des Realisten können wir uns halten, da die idealistische Auffassung auch meine Annahme der Vielheit der Subjecte zur Täuschung herabsetzt, also mich als alleiniges absolutes Subject übrig lässt, und doch wieder die vorgestellte Beschränktheit meiner Subjectivität als unerklärlich 7

5*

geben muss, wenn dieselbe nicht in objectiver Weise vom Willen
gesetzt sein soll. Ist aber einmal Eine Beschränktheit (nämlich
in mir) vom Willen gesetzt, dann können es auch mehrere sein,
und dann ist die Vielheit realiter wiederhergestellt. Drücken wir
es im Sinne des Idealrealismus aus, so ist das Individuum eine
Einheit von einer Anzahl mehr oder minder continuirlicher bestimmter Willensacte des Absoluten, die auf seinen Organismus
Bezug haben. Dieselben beginnen mit seiner Conception und
endigen mit seinem Tode. Die Beschaffenheit derjenigen Willensacte, welche sein moralisches Handeln bedingen, nennen wir den
Individualcharacter. Die Individualität ist, wie Schopenhauer mit Recht hervorhebt, durchaus an den Organismus ge-
knüpft, kann also weder vor der Geburt noch nach dem Tode
bestehen. Das Wesen oder Ansich des Individuums hingegen
ist unvergänglich, denn es ist eben nicht-individuell.

Hieraus folgt mit Evidenz, dass auch der Individualcharacter
nur zur Erscheinung, nicht zum Wesen gehört, d. h. dass
es einen intelligibeln Individualcharacter nicht geben
kann, da das Individuelle dem Intelligibeln (das Wort in Kant's
und Schopenhauers Sinn gefasst) widerspricht. Im Intelligibeln,
d. h. im Wesen oder An-sich der Dinge giebt es keine Vielheit,
also auch keine Individuen. Entweder giebt es ein die Erscheinung überragendes individuelles Wesen, dann ist der Monismus falsch, und ein Pluralismus oder Monadologismus an seine
an seine Stelle zu setzen; oder die Untheilbarkeit des All-Einen
Willens ist Wahrheit, dann ist die Behauptung eines intelligibeln
Individualcharacters und einer transcendenten Freiheit dieses intelligibeln Characters ein offener Widerspruch. Das All-Eine
Wesen kann natürlich nicht anders als frei sein, da nichts ausser
ihm ist, wodurch es bestimmt werden könnte; aber diese Freiheit
(welche die innere Nothwendigkeit nicht ausschliesst) kennt auch
Spinoza, sie berührt das Individuum gar nicht. Der Individualcharacter beginnt erst mit dem, was Schopenhauer den empirischen
Character nennt; für diesen aber gilt der Determinismus sowohl
für sein Handeln, als für sein Sein, denn er ist, was er ist, dadurch, dass der Eine untheilbare Wille ihn als solchen setzt, und
es ist ein Widerspruch, dass der Individualchachter vor seiner
Existenz sich seine Essenz selber gewählt haben solle.

In einen eben solchen Widerspruch wie bei der Entstehung des Individualcharacters verfängt sich Schopenhauer bei der Lehre von seiner Vernichtung. Während er ganz richtig die Theorie der Seelenwanderung als eine exoterische Darstellung des wahren Sachverhalts kennzeichnet, während er die Nutzlosigkeit des Versuchs einer Wesensvernichtung durch Selbstmord durch die Bemerkung darthut, dass dem Willen zum Leben das Leben gewiss sei, entgeht ihm die naheliegende Anwendung derselben Wahrheit auf den Fall des Absterbens eines Individuums im Zustande der Willensverneinung. So lange dasselbe lebte, hatte es offenbar die Willensverneinung nicht vollständig genug vollzogen, da ja das Vorhandensein des Leibes, als der Objectität des Willens, auch das Nochvorhandensein des Willens bewies. Nachdem dasselbe aber todt ist, ist dem All-Einen Willen zum Leben nichts anderes begegnet, als dass ihm die bisher auf jenen Organismus gerichteten Willensacte gegenstandslos geworden sind, und nunmehr einem neuen Gegenstande zugewendet werden können. Unmöglich aber kann die früher im Leben gehabte Bewusstseinsmeinung eines nunmehr verstorbenen Individuums auf den gedächtnisslosen Willen zum Leben einen bleibenden Eindruck gemacht haben, oder der Intensität seines unstillbaren unendlichen Dranges einen Abbruch gethan haben. Die Individualität wird durch jeden Tod, auch durch Selbstmord vernichtet, der All-Eine Wille aber ist durch keine individuelle Begebenheit zu vernichten, auch nicht einmal theilweise, da ja das Verhältniss des Theiles zum Ganzen ausschliesslich dem Raume angehört. (W. a. W. u. V. I. 152.) Die Lehre von der Möglichkeit einer individuellen Willensverneinung und dadurch zu erreichender Verhinderung der Wiedergeburt ist also nur dadurch in Schopenhauers Kopf zu begreifen, dass er für dieselbe unausgesprochener Maassen einen Pluralismus der Wesen supponirte, welcher dem Monismus seines Grundprincips widerspricht.

Wenn die grosse Errungenschaft eines wissenschaftlich begründeten Pessimismus fruchtbar werden, und einer Hoffnung auf Erlösung von dem Elend des Daseins Raum gegeben werden soll, so ist nicht an eine individuelle Erlösung zu denken, die das Wesen nothwendig unberührt lässt, sondern nur an einen universalen Act als Ziel des Weltprocesses. Hiermit würde aber

nach der Weltprocess als Entwickelung zu diesem Ziele
gefasst werden müssen, also die aus den falschen Principien des
subjectiven Idealismus entsprungene unhistorische Weltanschauung
Schopenhauers einer historischen weichen müssen, zu welcher
in der Entwickelungsfähigkeit der Idee genügender Boden
gegeben ist. Ebenso würde auch der ascetische Quietismus durch
eine thätige Hingabe an den Weltprocess ersetzt werden müssen.

Dies sind die hauptsächlichen Aenderungen des Schopenhauerschen Systems, welche aus dessen Grundprincip, dem Monismus des Willens, nach dem Satz vom Widerspruch als nothwendig geforderte sich ergeben. Es ist hiermit gezeigt, dass die
Philosophie des Unbewussten mit demselben Rechte als consequente Fortbildung der Schopenhauerschen, wie der Hegelschen
oder Schellingschen Philosophie bezeichnet werden kann, und es
wird wesentlich von subjectiven Gesichtspunkten des Lesers ab-
hängen, ob er in ihr den einen oder den andern dieser Vorgänger
deutlicher wiederzuerkennen glaubt.

Vierte Abhandlung.

Ist der pessimistische Monismus trostlos?

Der Weltschmerz ist seit einigen Jahrzehnten in Deutschland
sehr in Misskredit gekommen; man hat ihn bewitzelt, bespöttelt
und verhöhnt, man hat ihn verdammt, weil er schlechterdings unpraktisch sei und als narkotisch lähmendes Gift wirke, — aber
widerlegt hat man ihn nicht. Freilich giebt es kaum etwas Ver-
ächtlicheres und Ekelhafteres als jenen aus impotenter Blasirtheit
entspringenden Weltschmerz, der die Trauben sauer schilt, weil
e r sie nicht mehr geniessen kann, weil er sich nämlich aus Un-
mässigkeit den Magen daran verdorben hat; freilich ist es ein
jämmerlicher Anblick, der Weltschmerz jener andern weichge-
schaffenen Molluskenseelen, denen die Knochen und Muskeln zum
Widerstande fehlen und deren überzartes Nervensystem bei der
leisesten Berührung krankhaft zusammenzuckt, die aber dafür mit
wahrhaftem Genuss in der Tiefe ihres schönempfundenen Schmerzes schwelgen. Dieser nervös-schönselige Weltschmerz ist mit
seiner süsslichen Larmoyance fast eben so widerlich wie der
blasirte. Wenn letzterer aus erworbener Impotenz entspringt,
so ersterer aus einer angeborenen; die Mischung beider ist
der häufigste Fall. Wenn aber auch psychische und physische Abnormitäten zunächst auf den Weltschmerz verfallen sind,
und noch heute das grösste Contingent zu demselben liefern, folgt
daraus, dass dasjenige, was der praktisch-thätige Mensch im
Drange seines instinctiven Strebens und Schaffens nicht zu bemerken pflegt, darum nicht existirt? Oder bemerkt er es viel-

mehr nur darum nicht, weil angeborener Leichtsinn oder Trieb
und Arbeit ihn nicht dazu kommen lassen, sich in dem nöthigen
Grade auf sich selbst zu besinnen, so dass die zunächst durch
Krankheit hervorgerufene Selbstbeobachtung ihm erst einen Fin-
gerzeig geben muss? Nicht der Inhalt jenes Fürwahrhaltens ist
das Verächtliche, sondern die inneren Ursachen, welche bei jenen
das Fürwahrhalten dieses Inhalts bestimmen. Schon eine bestimmte
Beschaffenheit des Charakters (Dyskolie) kann bei vollkommener
Gesundheit den Menschen dazu bringen, an allem, was ihm begegnet, vorzugsweise die schlimme Seite herauszufinden, und Be-
fürchtungen und Sorgen leichter zugänglich zu sein als Hoffnungen und Zuversicht, so dass es sich bei einem solchen nur darum
handelt, aus den Gesammteindrücken seiner Erfahrungen einmal
in philosophischer Abstraction das Facit zu ziehn.*) Wenn nun
aber der besonnene Denker von mittlerer Charakteranlage kommt,
und durch eine ruhige, uninteressirte philosophisch-anatomische
Section des Lebens jenen Inhalt bestätigt findet, kann dann das
Verächtliche, was durch jene inneren Ursachen des Fürwahrhaltens die Sache selbst in Misscredit gebracht hatte, noch ferner
mit Recht auf diesen Inhalt übertragen bleiben, oder darf es gar
rückwärts dazu benutzt werden, die Gründe, aus denen der Denker seine Ueberzeugung schöpfte, zu verdächtigen? — Indem der
Inhalt jenes zuerst in poetischem Gewande auftretenden Welt-
schmerzes Gegenstand der Wissenschaft wurde, ist auch die Frage
nach seiner Wahrheit eine rein wissenschaftliche geworden, und
nur durch wissenschaftliche und sachliche Gründe dürfen die Beweise für dieselbe widerlegt werden. Dies ist bisher nirgends
geschehen.

---

*) Thut er diess, so kann man leicht glauben, dass seine Dyskolie die Folge
seiner pessimistischen Weltanschauung sei, während sie doch grade ihr mitwir-
kender Grund ist. Bei Charakteren, die nicht schon von Natur zur Dyskolie nei-
gen, wird der Pessimismus an und für sich keineswegs dahin wirken, sie den
realen Genüssen des Lebens zu entfremden, sondern nur den illusorischen, welche
mehr Unlust als Lust bringen, während der Werth einer Musik, die Macht der
Wissenschaft und der Geschmack von Austern und Champagner für den Pessi-
misten dieselben sind wie für den Optimisten, nur das letzterer sie als selbstverständlich hinnimmt, ohne den Genuss recht zu beachten, während dem Pessimi-
sten jede Lust durch den Contrast sich von dem dunkeln Grunde seiner allgemeinen Weltanschauung um so lichter abhebt.

So lange die Wissenschaft und Reflexion sich des Gegenstandes noch nicht bemächtigt hatte, gingen Optimismus und Pessimismus als zwei instinctive Weltanschauungen unbegründet nebeneinander her. Der Optimismus als ein aus dem lebendigen Triebe folgender Glaube an das Ziel des Naturtriebes, an's Leben, repräsentirte die Auffassung des gesunden und normalen Menschen; der Pessimismus hingegen konnte vor Eintritt der wissenschaftlichen Reflexion nur durch einen Bruch mit dem Willen zum Leben selbst Platz greifen, der vom Standpunkt einer so zu sagen metaphysischen Physiologie nur als Krankheit bezeichnet werden kann, aber in Indien und im christlichen Mittelalter doch grosse Dimensionen annahm (so wie er in neuester Zeit im Slaventhum einen jungfräulichen Boden zu finden scheint). Mit dem Eintritt der Wissenschaft wurde zunächst die naive Auffassung des Gesunden durch Reflexion zu begründen versucht. Leibniz erklärte das Uebel für negativ, eigentlich privativ, d. h. für illusorisch, ebenso erklärte Schopenhauer als Vertreter der entgegengesetzten Richtung die Lust für negativ, eigentlich privativ, d. h. er erklärte es für illusorisch, sie für etwas Positives zu halten. Man kann das eine den absoluten Optimismus, das andere den absoluten Pessimismus nennen; beide überfliegen ihr Ziel. Die weitere Ausbildung der Reflexion liess im Leibnizischen Optimismus bald erkennen, dass das Uebel in der That auch positive Realität besitzt, und nur von einem Ueberwiegen, nicht von einer ausschliesslichen Existenz des (grösseren oder geringeren) Glücks die Rede sein kann. Denselben Schritt muss die Schopenhauersche Schule thun und zugeben, dass die Lust ebensowohl positiv sein kann wie der Schmerz, dass es sich also nur um ein Ueberwiegen, nicht um eine ausschliessliche Existenz des (grösseren oder geringeren) Schmerzes handelt. Der relative Optimismus lehrt das nothwendige Ueberwiegen der Lust, der relative Pessimismus das nothwendige Ueberwiegen des Schmerzes. Würde das Ueberwiegen des einen oder des andern nicht aus der Natur der in der Welt gegebenen Bedingungen mit Nothwendigkeit folgen, sondern bloss eine zufällige Thatsache sein, die sich eben so gut nächstens in ihr Gegentheil verkehren könnte, so wäre überhaupt keine systematische Lehre über den Gegenstand aufzustellen.

Der Optimismus kämpft mit Gründen, die nur stichhaltig sind, wenn die menschlichen Triebe und Hoffnungen nicht auf Illusion beruhen; der absolute Pessimismus Schopenhauer's behandelt dagegen die Illusionen, als ob sie ein Nichts wären, — während sie doch für das getäuschte Bewusstsein reale Empfindungen geben. Da aber aller Weltfortschritt mit Steigerung des Bewusstseins und Zerstörung von Illusionen verbunden ist, so gewinnt der Pessimismus auch praktisch immer mehr Boden, während der Optimismus verliert, so dass die Grundlagen für Schopenhauer's Argumente an sich richtig sind und auch in der Erscheinung immer anwendbarer werden, während die Argumente des Optimismus nur relativ für den Standpunkt der Illusion richtig sind und somit nicht nur thatsächlich immer mehr in's Wanken kommen, sondern auch vor der Wissenschaft, welche die Illusion wenigstens theoretisch durchschaut, sich als unhaltbar erweisen. Demgemäss ist denn auch von wissenschaftlicher Seite trotz alles Scheltens nichts Stichhaltiges gegen Schopenhauer's pessimistische Argumente vorgebracht worden, sondern nur hohle Declamationen. Bloss ein Punkt schien einen Angriffspunkt zu gewähren, nämlich die von Schopenhauer aus seinem Pessimismus gezogene Consequenz des Quietismus. Man wies mit Recht darauf hin, dass derselbe destructiv für das staatliche und sociale Leben, für die ganze (von ihm völlig verkannte) historische Entwickelung der Menschheit sei, und vermochte dadurch alle noch am praktischen Leben hängenden Menschen wirksam von dem Pessimismus zurückzuschrecken, dessen Untrennbarkeit vom Quietismus man wohlweislich als selbstverständlich bestehen liess; aber mit alle dem war seine theoretische Wahrheit nicht widerlegt.

Ist denn aber wirklich der Quietismus die unvermeidliche Consequenz des Pessimismus, oder ist er diess nur unter gewissen, Schopenhauer und dem Buddhismus gemeinsamen, falschen Voraussetzungen, und führt nicht vielmehr der wahre Pessimismus zu einer energischeren Bethätigung am praktischen Leben als irgend ein anderer theoretischer Standpunkt? — Bei Schopenhauer folgt aus der Idealität der Zeit die Unmöglichkeit einer realen Entwickelung, eines historischen Fortschritts; es giebt keinen Process, der die Welt zu einem Ziele führen könnte, sondern diese dreht sich immer auf demselben Fleck und selbst der Process dieser Drehung ist bloss subjectiver Schein. Wozu soll man dann arbeiten, wenn doch nicht weiter zu kommen ist? Im transcendentalen Idealismus Schopenhauer's liegt die eigentliche und wahre Begründung seines Quietismus, nicht in seinem Pessimismus. Bei demselben ist ferner das Individuum mit seiner Erlösungshoffnung rein auf sich selbst gestellt: es mag zusehen, wie es aus dem feurigen Kreislauf hinausspringen mag; eine Solidarität des Erlösungsstrebens und der Erlösungsarbeit für die ganze Menschheit kennt er nicht. Wozu dann mitarbeiten am Process des Ganzen, wenn doch bloss das angänglich ist und es nur darauf ankommt, mich für meine Person seitwärts aus dem Strudel des Ganzen zu salviren? In der, sogar seinem eigenen Monismus widersprechenden egoistischen Vereinzelung seines Erlösungsstrebens liegt der zweite Grund für seinen Quietismus, nicht in seinem Pessimismus. Für ihn ist endlich der Gedanke Hirnprodukt; jenseits des Hirnbewusstseins kein Gedanke, keine Vorstellung. Wenn wir nun wirklich uns über jene beiden ersten Gründe für den Quietismus hinwegsetzen und weiterarbeiten wollten an der gemeinsamen Arbeit des Lebens, wie könnten wir hoffen, mit unserm Hirn die Weisheit zu produciren, die uns das Richtige zeigt, wie könnten wir hoffen, selbst dann, wenn wir den rechten Weg gefunden hätten, die dumpfen Massen durch bewusste Vernunft zum Mitgehen zu bewegen und von Irrwegen abzuhalten, wenn nicht eine weisere Vorsehung als Instinct und dunkle Ahnung in ihre Brust hinabsteigt, um sie so zum letzten Ziele zu führen? Schopenhauer's Materialismus, seine Leugnung einer Vorsehung ist der dritte Grund für seinen Quietismus, nicht sein Pessimismus. Nimmt man nun aber das hinzu, was Schopenhauer fehlt, eine allweise Vorsehung, die den Weltentwickelungsprocess zum Ziele einer Gesammterlösung führt, so fällt auch der Quietismus weg.

Der Pessimismus als solcher kann nur für jene obenerwähnten Molluskenseelen Grund zum Quietismus sein, die aus gänzlicher Schlaffheit und Unfähigkeit sich zu irgend welcher Energie zu ermannen, lieber die Hände in den Schooss legen und den Schmerz über sich ergehen lassen, als dass sie in der ihnen deutlich gezeigten Weise Hand anlegen, um sich allmälig von diesem Schmerz zu befreien. Wer noch Muth und Mannheit genug hat, dem als vorläufig unvermeidlich erkannten Schmerz der Gegenwart und Zukunft in's Angesicht zu schauen ohne geistig ohnmächtig zu werden, für den kann es schlechterdings kein stärkeres Motiv zur angestrengtesten Thätigkeit geben, als die in Aussicht gestellte Möglichkeit, durch diese Thätigkeit zu einem Ziele zu kommen, wo der Schmerz endgültig überwunden ist, während im Falle der Unthätigkeit die Endlosigkeit des Schmerzes sicher ist. Die Vorstellung einer zukünftigen Lust ist ein schwächeres Motiv, als die Vorstellung eines zukünftigen Schmerzes; weit stärker als beide motivirt der unmittelbar-gegenwärtige Schmerz. Auch der stumpfeste Mensch oder das roheste Thier, bei dem kein Versprechen auf Lohn oder Genuss mehr anschlagen will, wird durch Anwendung von Schmerz aus seiner dumpfen Trägheit energisch aufgerüttelt. Hier aber wirkt der sinnlich-nahe und empfindliche Schmerz sogar noch mit der Aussicht auf eine endlose Zukunft von Schmerz zusammen, um zur Thätigkeit anzustacheln. Allerdings ist auch die Aussicht, von dem Schmerz befreit zu werden, keine ganz unmittelbare, sondern eine erst in weiterer Zukunft liegende, aber einerseits ist doch der endliche Zeitraum bis zur Erlösung unendlich klein im Verhältniss zu der andernfalls in Aussicht stehenden Unendlichkeit der Schmerzdauer, und andererseits sind es doch nicht Thiere, sondern mit Vernunft begabte und der gedanklichen Anticipation des Zukünftigen fähige Menschen, von deren Motivation hier die Rede ist. Auch ist die Möglichkeit der künftigen Erlösung nicht das eigentliche Motiv des Handelns, sondern nur Bedingung, unter welcher allein das eigentliche Stimulans, der unmittelbar gegenwärtige und als endlos zukünftig vorgestellte Schmerz vernünftigerweise motivirend wirksam werden kann. Hierbei ist natürlich eine Bedingung als erfüllt vorausgesetzt, nämlich das Bewusstsein der Solidarität von Lust und Schmerz aller Individuen. Diese Solidarität kündigt sich aber bereits mit vernehmlicher Stimme als das sociale Princip des heranbrechenden Zeitalters an, wie die freie atomistische Concurrenz im Kampf um's Dasein das Princip der Bourgeoisie war und ist.

Der einmal zugegebene Monismus macht den Egoismus theoretisch unhaltbar, und setzt an seine Stelle die Selbstverleugnung und die positive Hingebung des Individuums an das

Ganze; denn nach monistischen Grundsätzen ist es ein und dasselbe Wesen, welches in mir und dir lebt und fühlt, so dass dein
Wesen durch meinen Schmerz genau so alterirt wird, wie durch
den deinen, nur dass dir als Bewusstseinssubject der erstere zufällig nicht bewusst wird. (Was ich hierüber bei Abhandlung
des zweiten Stadiums der Illusion gesagt habe, gilt also nicht,
wie ein Kritiker meinte, nur für dieses, sondern schlechthin.) Die
Solidarität ist der objective Ausdruck für das Wesen der Sittlichkeit, welche subjectiv (nach ihrer negativen und positiven Seite)
als Selbstverleugnung (auch im Evangelium) und Liebe bezeichnet
werden kann. Die Quelle alles Unrechtthun's aber ist die Selbstsucht, und deren Unschädlichmachung das Problem der Ethik.
Wie soll aber energischer der Selbstsucht ihre Thorheit vor Augen
geführt werden können, wodurch soll mithin dem Menschen das
Aufgeben der Selbstsucht wirksamer erleichtert werden, als durch
den Pessimismus, d. h. durch den Nachweis der Eitelkeit alles
individuellen (irdischen und transcendenten) Glückseligkeitsstre-
bens? Ist die Selbstsucht durch den Pessimismus gründlich und
nachdrücklich ihrer Thorheit überführt und dadurch in sich gebrochen, so steht der Hinwendung des Menschen zu dem als einzig möglich erkannten Wege der Erlösung vom Elend des Daseins, zu der opferwilligen Hingebung an das Ganze, kein Hin-
derniss mehr entgegen; der stimulirende Schmerz und die Erkenntniss von der Nothwendigkeit der die ganze Person einsetzenden
Arbeit am Process des Ganzen haben vollkommen freie Bahn,
um auf den Menschen zu wirken. Hieraus geht hervor, dass der
Pessimismus zugleich die tiefste und wirksamste Basis
der Sittlichkeit ist, indem er kräftiger als irgend eine andere
Erkenntniss den Egoismus bricht und der solidarischen Hingebung an das Ganze die Bahn frei macht. Diese selbst setzt freilich noch zwei anderweitige Bedingungen voraus, nämlich den
richtig verstandenen Optimismus und den Monismus. Denn ist
der Monismus falsch, so bleibt zwar die Aufhebung der Selbstsucht bestehen, aber die Nothwendigkeit der thätigen Liebe folgt
dann aus ihm noch nicht, eben so wenig wie die Nothwendigkeit
der Betheiligung an der Arbeit des Weltprocesses aus ihm folgt,
wenn es keine Vorsehung giebt, die mit versteckter Allweisheit
den Process auf das Bestmöglichste leitet, und überhaupt das

„Wie und Was" der Welt von vornherein darauf hin auf das Best-
mögliche eingerichtet und ausgewählt hat, dass eine Erlösung
von der Qual des unvernünftigen Wollens durch den Weltprocess
auch nur möglich wird. Ich habe desshalb auch stets diesen
Optimismus als nothwendige und widerspruchslose Ergänzung des
Pessimismus hervorgehoben. Schopenhauer's Pessimismus ist für
sich allein eben so falsch und einseitig, wie Leibniz' und Hegel's
Optimismus; die Wahrheit liegt nicht in der unmöglichen punk-
tuell-gleichschwebenden Mitte zwischen beiden, sondern in ihrer
Einheit: „Diese Welt ist die beste aller möglichen Welten, aber
sie ist schlimmer als keine."

Es ist ganz folgerichtig, dass derjenige, welcher nicht die
Selbstverleugnung und positive Selbsthingabe, sondern die Selbst-
erhaltung und Selbstbejahung des Individuums, d h. den vernünftigen Egoismus als höchstes Ziel der praktischen Philosophie und
Ethik betrachtet, auch nicht auf die Hoffnung einer persönlichen
unendlichen Fortdauer verzichten will, um vermittelst dieser die
Selbstbejahung seines Egoismus in's Unendliche zu treiben. Wer
ist es denn aber, der am lautesten und unermüdlichsten nach Erhaltung seiner kostbaren Individualität schreit? Nicht der Staats-
mann, von dessen Thaten in den Büchern der Geschichte zu lesen, sondern der Philister, auf dessen Grabstein steht: „er ward
geboren, nahm ein Weib und starb", der seinen Brüdern gleicht
wie ein Ei dem andern. Man sehe sich nur im Leben um: die
meisten Menschen, die wirklich etwas vor sich gebracht, geleistet
und geschaffen haben, die Ursache haben, mit Befriedigung auf
ihre Laufbahn zurückzublicken, sie sehnen sich nun auch nach
Ruhe nach der Arbeit, nach dem ewigen Schlaf, in welchem sie
das anvertraute Pfand der Seele in den Schooss der Natur zurück-
geben; aber grade jene Dutzendwaare von Menschen, die nie Ge-
legenheit oder Fähigkeit gehabt haben, etwas Ordentliches zu
thun, wonach sie ein Recht hätten müde zu werden, die in dem
Schlendrian ihrer erbärmlich philiströsen Alltäglichkeit so fortge-
duselt sind, dass sie nicht einmal von dieser Erbärmlichkeit etwas
gemerkt haben, grade die sind es, welche über diese wohlver-
diente individiduelle Müdigkeit als über einen Verrath am Hei-
ligsten zetern, und die grausenhafte Entsetzlichkeit einer individuellen Unsterblichkeit nicht einmal ahnen. Nur wenige Jahr-

hunderte Leben auf die Fassungskraft und Tragfähigkeit eines continuirlichen Bewusstseins gewälzt, -- und es müsste unter ihrer Last zusammenbrechen! Das ist ja so einzig wunderbar im Haushalt der Natur, dass, wie sie die Continuität des individuellen Bewusstseins durch die partiellen Unterbrechungen des Schlafes stärkt und erfrischt, so sie auch die Continuität des historischen Bewusstseins der Menschheit nur dadurch munter hält und vor Erschlaffung bewahrt, dass es fortwährend partielle Unterbrechungen durch den Tod und Restitution durch neue Geburten erhält. Nur dadurch, dass der Kindheit und Jugend alles wegen seiner Neuheit interessant ist, und die Kindheit und Jugend vorläufig unsterblich ist, nur durch diesen Kunstgriff ist das Leben überhaupt auszuhalten. Fortschritt und Vervollkommnung soll sein; sie sind es, auf die es ankommt; aber nur in der Welt als Ganzem sind sie möglich, durch fortwährende Unterbrechung der Identität der Personen; in ein und demselben Individuum kann ihre Dauer nicht anders als höchst beschränkt sein.

Woher entspringt nun aber dieser glühende Hang des instinctiven Menschen zur Annahme der individuellen Unsterblichkeit, warum erscheint es ihm so schmerzlich, sich denselben rauben zu lassen? Der Grund liegt in nichts anderm als in dem nackten Egoismus, der unter dem Mäntelchen der transcendenten Religiosität seine Schamlosigkeit wohl verhüllt glaubt. Weil der Philister sich gar nicht darein finden kann, dass sein liebes kostbares Ich, das Einzige und Höchste in der Welt, für das er ein wahrhaftes und unmittelbares Interesse hat, dass dieses speculative Phantom seines Bewusstseins der Vernichtung anheimfallen soll, kurz weil er mit seinem kurzsichtigen Verstande nicht über den Instinct der Todesfurcht hinwegkommt, deshalb hofft er auf Unsterblichkeit, hofft er auf eine Vervollkommnung bis in's Unendliche, nicht um deren selbst willen, sondern nur weil sein Ich ihr Träger sein soll. Je grösser bei einem Individuum der Instinct der Todesfurcht, desto näher liegend, und desto heftiger ist (wenn einmal erfasst) die Unsterblichkeitshoffnung; je gleichgültiger der Mensch dem Tode ins Auge sieht, desto indifferenter ist ihm das Jenseits. Dem Helden in seiner Jugendkraft ist die Unsterblichkeit sehr gleichgültig, aber alten Weibern ist sie die Lebensluft, in der sie athmen; dem Philosophen, der die

Nichtindividualität seines Wesens und die Phänomenalität seines
bewussten Ich erkannt hat, ist sie nichts als eine falsch gestellte
Frage.

Aber der Philister glaubt nicht daran, dass sein Hoffen eine
rein egoistische Illusion sei und sucht den Wunsch seines unendlichen Lebenstriebes vor der bewussten Vernunft durch Gründe
zu rechtfertigen, welche freilich ebensowenig den Anspruch erheben können, mehr als subjective Wünsche zu sein. Dieselben
sind hauptsächlich das Postulat einer ausgleichenden Gerechtigkeit, und die Hoffnung der Liebe, die Geliebten auch im
Jenseits wiederzufinden. Betrachten wir beide Postulate etwas
näher, nicht etwa um die Frage nach der Unsterblichkeit, welche
nur als reife Frucht von dem Baume eines Systems gepflückt werden kann, zu ventiliren, sondern nur um die Berechtigung der
Behauptung zu prüfen, dass die Unsterblichkeit ein nothwendiges
Postulat des Gemüths sei, ohne welches das Leben trostlos wäre.
Wenn es gelingt, die Unsterblichkeitsfrage als eine nur irrthüm-
licher Weise bisher mit Gemüthspostulaten in Verbindung gesetzte nachzuweisen, dann erst und nur dann wird auch für dieses Problem die Unbefangenheit der theoretischen Untersuchung
gewonnen sein, welche auf allen Wissenschaftsgebieten die Vor-
bedingung des Erfolges ist.

Das Gefühl für Billigkeit, der Gerechtigkeitssinn, der Glaube
an eine moralische Weltordnung fühlt sich verletzt durch den Gedanken, dass Sünde und Bosheit straflos ausgehen könne, und
dass der Tugendhafte, der auf Erden um der Tugend willen so
viel dulden und so vielem entsagen muss, niemals dafür entschä-
digt werden solle; sie fordern bei der nicht abzuleugnenden Ungleichheit der Vertheilung der Glücksgaben eine Ausgleichung
und Vergütung in einem Jenseits, wo das Glück nicht nach Zufall und Laune wie hier, sondern nach der Würdigkeit ver-
theilt werden soll. Wir haben hier zunächst die Verwirrung
zweier Standpunkte auseinanderzulösen, den moralischen und
den eudämonologischen. Ersterer fordert Vergeltung von
Schuld und Verdienst, letzterer vergütende Ausgleichung von Leid und Glück; beide kommen darin überein, dass
ihre Forderungen aus dem Gerechtigkeitssinn entspringen.

Was den moralischen Standpunkt betrifft, so ist zunächst zu

erklären, dass eine Tugend, die ihren Lohn nicht in sich selber findet, keine Tugend ist; findet sie ihren Lohn in sich selber, so braucht sie keinen äusseren Lohn mehr, — findet sie ihn nicht in sich selber, so verdient sie auch keinen. (Die Aussicht auf Lohn und Strafe kann nur eine äusserliche Gesetzesgerechtigkeit, nie wahrhafte Tugend erzeugen, sie schadet dieser sogar, indem sie ihre Uneigennützigkeit vergiftet.) Man kann nicht ebenso allgemeingültig behaupten, dass die Schuld ihre Strafe in sich selber finde, wenn dies auch in den bei weiten meisten Fällen , direct oder indirect zur Wahrheit wird; denn es giebt doch Fülle, wo die grössten Sünder ein äusserlich und innerlich ganz behagliches Leben führen. Wenn der jenseitige Lohn jedenfalls überflüssig und nicht durch die Gerechtigkeit gefordert ist, so würde eine jenseitige Strafe nur in den Fällen und in dem Maasse zulässig erscheinen, wo und als die immanente Strafe des Schuldbewusstseins nicht dem Grade der Schuld proportional war, denn Proportionalität von Schuld und Strafe ist die unverrückbare Grundforderung der Gerechtigkeit. Aber selbst dieser übrig bleibende Rest einer jenseitigen Jurisdiction hat nur dann einen Sinn, wenn man das jenseitige Leben als eine nahezu unveränderte Fortsetzung des diesseitigen betrachtet; denn nur in dem Falle kann die Strafe eine vorbeugende oder bessernde Wirkung in Bezug auf die zukünftige Handlungsweise der Menschen im Jenseits äussern, wenn die möglichen Vergehen und Sünden derselben im Jenseits mit den zu bestrafenden aus dem Diesseits nahezu übereinstimmen. Wenn aber das jenseitige Leben (durch Aufhebung der Sinnlichkeit u. s. w.) ganz andere Verhältnisse und Bedingungen zeigt, wenn es in Wahrheit als ein ganz neues Leben unter ganz neuen Voraussetzungen beginnt, so würde doch die Anwendung einer abstracten strafenden Vergeltung völlig zwecklos erscheinen, und jeder im Diesseits Beleidigte für inhuman und herzlos erklärt werden müssen, der unter solchen Umständen noch auf der Bestrafung seines Beleidigers bestehen wollte, so dass man von einem göttlichen Richter wohl kaum eine Ausführung des jüdischen Grundsatzes: „Maass für Maass" erwarten kann. Sollte sich aber gar herausstellen, dass die ganze Auffassung von Recht, Gerechtigkeit und Strafe eine falsche ist, welche die Strafe auf die gethanen Handlungen statt auf die zu thuen-

den gründet, so würde der Begriff einer jenseitigen Jurisdiction
unter der Voraussetzung ganz anderartiger Lebensbedingungen
sogar logisch unmöglich. Lässt man endlich die Voraussetzung
fallen, dass die Individuen im Diesseits wesens-verschieden und
substantiell getrennt seien, und giebt man zu, dass in allen ein
und dasselbe Wesen lebt, fühlt und handelt, so ist es auch Ein
Wesen, welches im Beleidiger Unrecht thut, und im Beleidigten
Unrecht leidet, welches im Beleidiger die Schuld begeht, und im
Beleidigten die Strafe erleidet. Nur eine pluralistische Weltanschauung, welche die moralische Weltordnung im Diesseits
verkennt, sieht sich genöthigt, dieselbe im Jenseits zu suchen; der Monismus oder Pantheismus hingegen sieht schon hier
die moralische Gerechtigkeit schlechthin und vollkommen erfüllt.

Die andere Seite der Forderung, die Ausgleichung des Glückes
und die Vergütung unverschuldeten Leides im Jenseits, ist ebensowenig stichhaltig. Zunächst ist zu behaupten, dass Glück und
Leid bei weitem nicht so ungleichmässig unter den Menschen ver-
theilt sind, als es bei einer oberflächlichen Betrachtung scheint,
welche nur die äusseren Glücksgüter in's Auge fasst. Denn
Glück und Leid liegt im Herzen selbst, und die äusseren Glücksgüter haben im Ganzen nur in ihrem Erwerb, aber nicht in ihrem
Besitz einen Einfluss darauf. Wie die Tugend für die grössten
Entbehrungen Ersatz gewähren, das Schuldbewusstsein das höchste
Glück vergällen kann, so ist im Leben fast immer beides gemischt,
und es liegt mehr am Charakter als an den äusseren Verhältnissen, in welchem Verhältniss die Lebhaftigkeit der Empfindung
für beide Seiten steht. Die eigentliche und bei weitem schwerer
schwiegende Ungleichheit, beziehungsweise Unbilligkeit der Vertheilung würde also nicht in den äusseren Verhältnissen, sondern
in den angeborenen Charaktereigenschaften des Froh-
sinns (Eukolie) und des Trübsinns (Dyskolie) liegen. Aber doch
lässt sich nicht leugnen, dass in den Niveauveränderungen des
Lebens (Glückszufällen, Schicksalsschlägen) ein Moment von nicht
zu unterschätzender Bedeutung liegt, so wie auch, dass es ein
gewisses Niveau giebt, unterhalb dessen auch die frohsinnigste
Elasticität des Gemüths gebrochen erlahmt. Was nun den inneren Factor von Glück und Leid, den angeborenen Charakter betrifft, so liegt schon in dessen „Angeborensein" das Verwachsen-

sein mit dem Wesenskern des Individuums, wodurch also bei individueller Fortdauer des Charakters eine Ausgleichung und Vergütung der hier in Folge des Charakters erlittenen Trübsal unmöglich erscheint, wenn nicht eine derartige Alteration des Charakters in seinem Wesen und damit der Persönlichkeit selbst eintreten soll, dass sie einer Neuschöpfung mit Unterbrechung der Identität der Person gleichkommen würde. Was aber den äusseren Factor anbelangt, so muss ich zunächst entschieden bestreiten, dass erlittenes Leid (das diesen Namen verdient) jemals vergütet werden könne; man denke z. B. an einen achtbaren Familienvater, der wegen eines infamen Verbrechens verurtheilt Jahre lang im Zuchthause sitzen muss, bis durch einen Zufall seine Unschuld an's Licht tritt; alle Schätze und Kronen der Welt können ihm und seiner Familie das überstandene Leid nicht vergüten! Das erduldete Leid selbst kann niemals und auf keine Weise vergütet werden, denn es hat ganz und voll ausgekostet werden müssen und das Vergangene ist nicht mehr gut zu machen, sondern höchstens seine noch jetzt spürbaren Folgen. So ist das Höchste, was die sogenannte Vergütung erzielen kann, die äusserliche *restitutio in integrum* und die Auslöschung der Bitterkeit der Erinnerung; aber selbst diese letztere ist in schwereren Fällen nicht erreichbar. Alle Wonnen des Paradieses (abgesehen von ihrer Bedeutung an und für sich für die Zeit, die dann Gegenwart ist) können in Bezug auf die Vergangenheit doch höchstens das erreichen, was ein Becher Lethe in der griechischen Mythologie weit sicherer erreicht. Da aber bei der Forderung der Unsterblichkeit gerade nur die nach rückwärts gekehrte Seite der Zukunft als Grund zu brauchen ist, so leuchtet ein, dass die gesuchte Vergütung, in soweit sie überhaupt erreichbar ist (d. h. in Bezug auf die Erinnerung) sicherer durch Aufhören des Gedächtnisses und individuellen Bewusstseins erreicht wird. Abstrahirt man aber von der Erinnerung des überstandenen Leides, so ist eine Vergütung des Leides selbst nicht nur unmöglich, sondern wäre, auch wenn sie möglich wäre, ganz überflüssig, da ja die Vergangenheit vorüber, d. h. schlechthin nichtseiend ist. Real ist nur die Gegenwart, in welche Vergangenheit und Zukunft nur ideal durch Erinnerung und Anticipation hineinspielen. Abstra-

6*

hire ich also von diesem Augenblick an von der lebendigen
resonanzartigen Erinnerung aller meiner vergangenen Empfindungen, so ist deren qualvolle oder glückselige Beschaffenheit für
mich absolut gleichgültig, und es ist als ob ich in diesem Augenblick überhaupt erst anfinge zu leben, so dass gar keine Ver-
anlassung mehr vorliegt, dieselben vergüten zu wollen. Für die
fühlenden Subjecte handelt es sich mithin um nichts anderes, als
darum, den Erinnerungen an eine schmerzliche Vergangenheit ihre
Bitterkeit zu benehmen, was am besten durch Unterbrechung der
Identität der Person geschieht (welche, wie wir sahen, für den
inneren Factor doch jedenfalls erforderlich ist); eine Vergütung
des vergangenen Leides selbst ist eben so überflüssig wie unmöglich. Diess hebt aber den Vorwurf gegen die Gerechtigkeit des
Schicksals nicht auf, welches gewisse Menschen zu gewissen Zeiten elend machte; im Gegentheil wird durch die Unvergütbarkeit
des Leids als solchen der Vorwurf nur geschärft. Was soll man
von der Weisheit einer Vorsehung denken, welche hienieden die
Menschheit schindet und plagt, — alles auf Conto des jenseitigen
Glücks? Das heisst doch jemanden mit Wermuthessenz füttern
auf die Hoffnung hin, dereinst statt Wermuth Honig eingeflösst
zu bekommen! Ich verlange ja keinen Honig, darum soll man
mich mit dem Wermuth ungeschoren lassen! Welches Vertrauen
sollen wir zu einer Vorsehung haben, dass sie im Jenseits die
richtige Vertheilung des Glückes treffen werde, wenn sie uns im
Diesseits von ihrer Fähigkeit oder ihrem guten Willen dazu so
schlechte Beweise liefert? Ein gütiger Gott kann seine Geschöpfe nur glücklich sehen wollen, und nicht an seinem guten
Willen, sondern nur an seinem Können kann es liegen, wenn sie
elend sind; wofern sich sein Können nicht ändert, werden sie es
bleiben. Es wiederholt sich hier dieselbe Erscheinung wie aus
dem moralischen Gesichtspunkte: weil eine Weltanschauung,
welche die Individuen für getrennte, substantiell verschiedene Wesen hält, die Vertheilung des Glücks und Leids im Diesseits
als ungerecht und unbillig anerkennen muss, darum träumt sie
von einer Ausgleichung und Vergütung im Jenseits, anstatt
anzuerkennen, dass der Fehler nur in ihren falschen metaphysischen Voraussetzungen steckt; denn der Monismus muss diese
Klagen über ungleichmässige und unbillige Vertheilung des Schmer-

zes in den Individuen eben so abgeschmackt finden, als ein
Arzt, dem der Kranke über die empörende Ungerechtigkeit vor-
deklamirt, dass die Zähne seiner linken Seite so viel Schmerz
auszuhalten hätten, während die auf der rechten immer schmerz-
frei blieben. Die Ausgleichung im Jenseits aber muss dem Mo-
nisten gerade so vorkommen, als wenn der Kranke die Forderung
stellte, nach der Auferstehung des Fleisches nur noch auf der
rechten Seite Zahnschmerzen haben zu wollen.

Nachdem wir so die irrigen Forderungen eines von irrigen
Voraussetzungen ausgehenden Gerechtigkeitssinnes erledigt haben,
kommen wir zu dem zweiten subjectiven Wunsche, aus welchem der
Unsterblichkeitsglaube seine Nahrung saugt, zu dem der Liebe.
Alle Liebe, die den Namen verdient, ist aus zwei Elementen gemischt, aus einem selbstsüchtigen und einem selbstlosen. Die
selbstlose Liebe liebt den Andern nur um seinetwillen, ohne für
sich aus der Liebe einen Vortheil, Genuss oder Glück ziehen zu
wollen, sie erstrebt ohne jede Rücksicht auf sich selbst nur das
Wohl des Andern. Diese Liebe muss nothwendig vor dem Gedanken der Unsterblichkeit zurückschrecken, nachdem sie seine
Grauenhaftigkeit erkannt hat. Jedenfalls wünscht sie des Geliebten Unsterblichkeit nur aus Liebe um des Wohles des Geliebten
willen, aber nicht um der Liebe willen, und muss somit ihren
Wunsch als gegenstandslos fahren lassen, sobald die Unsterblichkeit
aus Rücksichten des persönlichen Wohls anderweitig nicht mehr
wünschenswerth erscheint. — Die selbstsüchtige Liebe aber ist
erstens wiederum Egoismus, und die aus ihr folgenden Wünsche
sind mithin von vornherein in ethischer Hinsicht nicht nur bedeutungslos, sondern höchst verdächtig, und zweitens bewegt sie sich
im Cirkel, da sie das jenseitige Wiedersehen der Geliebten doch
eben nur für den Fall der jenseitigen Fortdauer wünschen kann,
und doch wieder aus dem Wunsche, die Geliebten wiederzufinden,
das Bedürfniss der Fortdauer abgeleitet werden soll. Es ist doch
schlechthin illusorisch, dass für die Zeit der irdischen Trennung
der Liebenden die Entscheidung über die jenseitige Fortdauer
irgend welchen Unterschied begründe. Die selbstsüchtige Liebe,
welche die Illusion des Wiederfindens zur Tröstung für sich begehrt,
vergisst dabei, dass von der geliebten Person im eventuellen Jenseits mindestens alles das abgestreift sein würde, was durch sinn-

liche Erscheinung, sowie durch die aus der leiblichen Organisation stammenden Temperamente, Naturell, Charakter und Fähigkeiten des bewussten Verstandes der Person an individuellen
Unterschieden beiwohnte, dass also nichts als höchstens ein abstracter Typus übrig bleiben würde, in welchem die Billionen
Seelen sich gleichen würden wie ein Ei dem andern, so dass
sie ununterscheidbar erschienen, und mindestens kein Grund der
individuell bevorzugenden Liebe mehr übrig bliebe.

Aber selbst diese Betrachtungen erscheinen müssig, wenn wir
tiefer in das mystische Wesen der Liebe eindringen, in jenen ge-
heimnissvollen Grund, welcher es bewirkt, dass man sich für das
Wohl eines andern wie für sein eigenes interessiren kann, und
dass man in der Liebe, die doch immer, auch dann, wenn sie
selbstsüchtig ist, für Andere sorgt, überhaupt eine Befriedigung
und einen Genuss für sich selber finden kann. Die natürliche
Weltanschauung des Bewusstseins ist individualistisch, monadolo-
gisch, pluralistisch; nur das Unbewusste betrachtet das Sein
unmittelbar monistisch. Die Liebe ist der in die Täuschung des
Bewusstseins hineinblitzende Silberblick der ewigen Wahrheit des
all-einigen Wesens; das Bewusstsein sieht den lockenden Schein,
aber es kann ihn nicht als Seiendes nehmen, was seiner nothwendigen Illusion widerspräche, — so fasst es denselben als Sein-
sollendes, als ein zu Begehrendes, und die lockende Ahnung der
All-Einheit wird zur Sehnsucht nach Vereinigung. Alle Liebe ist
in ihrer tiefsten Wurzel Sehnsucht, alle Sehnsucht ist Sehnsucht
nach Vereinigung.

> „Sehnsucht ist des All's Geheimniss!
> Alles Werden, Blühn und Glühn,
> Nach der wandellosen Einheit
> Ist's ein ewig Hinbemühn.
> Der Verschmelzung ewig Scheitern
> Ist die Qual der Menschenbrust,
> Der Verschmelzung flüchtig Traumbild
> Ist der Liebe ganze Lust!"
>
>   Hieronymus Lorm. [*])

    Die mystische Wurzel der Liebe kommt am mächtigsten in
hohen Graden der Geschlechtsliebe zum Durchbruch, weil hier
die Vereinigung nicht mehr blosses Postulat bleibt, sondern we-

----

*) Gedichte, Leipzig bei Richter, 1870.

nigstens partiell sich in dem Zusammengehen der Liebenden im
Zeugungsact zum Erzeugten verwirklicht, wenn auch diese Vereinigung nicht direct die vom Bewusstsein gemeinte ist, und so
für dasselbe immer noch blosses Symbol bleibt. Die Liebenden
geben ihrer Sehnsucht nach Verschmelzung oft die abgeschmack-
teste sinnliche Einkleidung; sie möchten sich aufessen oder in
einander hineinkriechen, jedenfalls aber zu einer solchen Einheit
zusammengehen, in der sie ihre Selbstheit nicht bewahren,
sondern in der des Andern schlechthin aufgehen lassen. Sie
möchten das sonst über alles geliebte Selbst und sein Leben aufgeben, um es nur in dem des Geliebten ganz wiederzufinden.
Wer nie die Sehnsucht der Selbstvernichtung in die geliebte Person hinein gekannt hat, der kennt die Liebe nicht. Wenn nun
die Liebe die Erfüllung ihrer Sehnsucht, die Erreichung ihres
eigentlichen Ziels (in welchem sie selbstverständlich als Streben erlöschen muss) von dem Jenseits erhofft, so ist es völlig
dem Wesen der wahren Liebe zuwider, die Fortdauer der Individualität nach dem Tode zu wünschen, weil die Qual des
Scheiterns der Verschmelzung damit verewigt würde. Das Ziel
der Hoffnung kann für die Liebe nur die wirkliche und dauernde
Verschmelzung sein, deren flüchtiges Traumbild hier ihre höchste
Lust war, d. h. die Vernichtung der Individualität, aber nicht mehr
im Andern (was ja auch factisch der Andere gar nicht will), sondern gemeinschaftlich mit diesem im Ziel der höchsten und reinsten Liebe des Bewusstseins, in Gott. Philosophisch ausgedrückt
bedeutet dies weiter nichts als: Aufhebung jener aus dem Bewusstsein stammenden Illusion der Vielheit der Individuen, d. h.
Aufhebung des Bewusstseins.

Ist denn nun diese Lehre so trostlos, oder ist es nicht vielmehr ein trostvoller, süsser, schmeichelnder Gedanke, im Monismus das Evangelium der tiefsten Sättigung der edelsten Sehnsucht des Menschenherzens zu finden? Wenn alles Hohe und
Grosse darin besteht „nicht das Seine zu suchen", so giebt es
nichts Kleines vor dem höchsten Tribunal als den Egoismus, der
selbst in seiner veredeltsten Gestalt immer nur Mittel (als Kraft-
quelle des Schaffens und Wirkens), niemals Selbstzweck
werden darf. Ist es denn nun gerechtfertigt, eine Lehre trostlos zu schelten, weil sie den Muth hat, das, was dem Philister

das Höchste ist, in seiner Kleinheit aufzudecken, und ihm das
Gegentheil davon als höchstes erstrebenswerthes Ziel zu zeigen?
Darf man es grausam nennen, Illusionen zu zerstören, welche
nur auf dem Flugsand des Egoismus wurzeln und wachsen, aber
diesen immer mehr zu schädlicher Haltbarkeit befestigen?
Ja, sagt man mir, selbst wenn wir alles, was Egoismus ist,
preisgeben wollen, wenn wir also auf alles persönliche (irdische
wie jenseitige) Glückseligkeitsstreben verzichten wollen, wenn wir
Dir auch das sogar zugeben wollen, dass die Hoffnung auf Er-
langung positiver Glückseligkeit im Verlauf der irdischen Entwickelung für die Menschheit eitel sei, so können wir uns doch
die Hoffnung auf die Möglichkeit eines positiven Glücks überhaupt nicht rauben lassen, und die absolute Trostlosigkeit, durch
welche Deine Lehre sich selbst verurtheilt, liegt ganz besonders
in der Behauptung der Umöglichkeit einer positiven Glückseligkeit überhaupt, und in ihrem rein negativen Resultat. — Aber
auch dies ist unstichhaltig, Stelle ich denn ein Uebel in Aussicht? Nein, denn Ihr müsst zugeben, dass das Nichtsein kein
Uebel ist. Und wenn es wahr ist, dass das gegenwürtige Sein
ein Uebel ist, und das in Aussicht gestellte Nichtsein keines,
so ist es doch ein Trost, den ich Euch gebe; ich tröste Euch
ja über das Sein mit dem verheissenen Nichtsein; das Sein ist
es, welches des Trostes bedarf, das Nichtsein bedarf keines. Als
Seiende, die Ihr trostesbedürftig seid, tröstet Euch ja meine Lehre,
— so könnt Ihr sie nicht trostlos nennen; als Nichtseiende aber
werdet Ihr sie erst recht nicht trostlos finden, — wo soll denn
nun die Trostlosigkeit stecken?
Ihr wollt nicht auf den Gedanken eines positiven Glückes
überhaupt verzichten! Warum nicht? Weil der hungrige, nach
Befriedigung lechzende Wille aus Euch schreit! An wen richtet
Ihr Eure Forderung auf Glück? Wodurch begründet Ihr sie?
Habt Ihr denn ein Recht auf Glück? — Nein Ihr habt keines, so wenig wie Ihr eine Pflicht habt, Leid und Qual wider-
standslos zu tragen! Wenn Ihr kein Recht auf Glück habt, war-
um schreit Ihr denn so danach, und ruft Wehe über den, der
Euch aus Euren Illusionen reissen will? Ihr wollt das Glück,
weil Ihr es wollt; so lange Ihr Wollende seid, seid Ihr Glück-
Wollende, denn so lange seid Ihr Willensbefriedigung-Suchende.
Und Ihr begreift nicht, dass der vernunftlose Wille Eure Ver-

nunft dabei zum Narren hat, Ihr seht nicht ein, dass es zum Wesen des Willens ebensosehr gehört, das Phantom Glück zu suchen,
als die Realität Schmerz zu erwerben! Ihr klammert Euch an
die vernunftwidrige Illusion, die der Wille Euch vorspiegelt, und
vergesst darüber, dass ein Zustand Euch nichts vermissen lässt,
der nichts vermissen lässt, und klagt über die Trostlosigkeit einer
Lehre, die Euch den Weg zur absoluten Zufriedenheit zeigt, weil
der in Euch herrschende vernunftlose Wille sich emporbäumt gegen die Zumuthung, abdanken zu sollen!

Nein, sagt man mir, auch den Genuss der Willensbefriedi-
gung wollen wir Dir preisgeben; aber es muss jenseit des Weltprocesses in dem All-Einen wenigstens eine intellectuelle, begier-
denfreie Seligkeit geben, die positiv, und mehr als eine Rückkehr
in bloss bewusstlose Potenzialität ist.

Nun, und wie, frage ich, wäre diese Seligkeit zu denken?
Etwa als ewige Meditationen Gottes über seine eigene unerschöpf-
liche Güte und Heiligkeit, oder über die Erbärmlichkeit der auf-
gehobenen Welt? Aber nein doch, ein Gott reflectirt nicht, er
lebt in intellectueller, alles in einen ewigen Blick fassenden Selbst-
intuition. Meinetwegen, ich sehe nur nicht, wo das Amusement
dabei sitzen soll. Der arme Mönch, dem hundert Jahre Anschauung Gottes wie eine Stunde vorkamen, den mochte so etwas in
Entzücken versetzen, weil es so weit über seinem Gesichtskreise
lag; aber dass sich Gott selber, der sich doch nachgerade kennen sollte, nicht schliesslich bei dieser ewigen Selbstbespiegelung
verzweiflungsvoll langweilen sollte, ist schwer zu glauben. Kurz
und gut, entweder ist diese Intuition interessant, dann ist der
Wille dabei betheiligt, und sie kann auch grade so gut lang-
weilig oder widerwärtig werden, d. h. Unlust statt Seligkeit be-
reiten; oder aber sie ist absolut interesselos, dann ist ihr selber auch ihr Sein oder nicht-Sein absolut gleichgültig, d. h.
ihr Sein ist ihr nichts mehr werth als ihr Nichtsein, und steht
diesem an Seligkeit nicht voran.

Wie man sich auch drehen und wenden möge; ein positives
Glückseligkeitsstreben auf Grund des Willens ist eine wider-
spruchsvolle Illusion; ein solches ohne Grundlage des Willens
entbehrt jeder haltbaren Basis. Entweder ein Paradies mit Houris
oder Nirvana!

Fünfte Abhandlung.

Ueber das Wesen des Gesammtgeistes.

Eine kritische Betrachtung des Grundbegriffes der Völkerpsychologie

Der Gegenstand, welchen die Völkerpsychologie behandelt, ist der Gesammtgeist und die Gesetze seiner Wirksamkeit. Wer die Existenz eines Gesammtgeistes bestreitet, wird die Berechtigung der Völkerpsychologie leugnen; wer den Gesammtgeist als ein ausschliessliches Produkt der Individuen oder als eine blosse Abstraction von ihren Eigenschaften und Thätigkeiten auffasst, der wird die Bestrebungen der Völkerpsychologie immerhin als nützlich und achtungswerth anerkennen dürfen, aber er wird sie nur als einen bestimmten, vielleicht bisher nicht genug gepflegten Abschnitt der Individual-Psychologie, nicht als eine Wissenschaft neben derselben gelten lassen dürfen. Es knüpft sich mithin die Legitimation der Völkerpsychologie an den Nachweis der Existenz eines Gesammtgeistes, der nicht blosses Produkt oder Abstraction von den Individuen ist. Dieser Nachweis soll die Aufgabe der folgenden Betrachtungen sein.

Professor Lazarus unterscheidet (Zeitschr. für Völkerpsychologie und Sprachwissenschaft, Bd. I S. 28) „die Psychologie in· Seelenlehre und Geisteslehre, so dass jene, welche mehr das Wesen oder die Substanz und Qualität der Seele für sich betrachtet, eigentlich einen Theil der Metaphysik oder Naturphilosophie, diese

aber (die Geisteslehre), welche die Thätigkeiten der Seele und
deren Gesetze betrachtet, die eigentliche Psychologie ausmacht."
Wenn nun auch zuzugeben ist, dass die Völkerpsychologie ebenso,
wie die frühere Individualpsychologie „eine bedeutende Summe
von Beobachtungen und Erfahrungen zusammentragen kann, ohne
den Begriff der Volks- (resp. Individual-) Seele in den Kreis der
Betrachtung zu ziehen," so ist doch der Unterschied zu berücksichtigen, dass in der Individualpsychologie wenigstens niemand
die Existenz einer Substanz der Seele (mochte man dieselbe nun
spiritualistisch oder materialistisch denken) bezweifelte, während
die Völkerpsychologie jedes festen Bodens zu ermangeln scheint,
so lange ein Gesammtgeist, nicht bloss als Process sondern als
Substanz gedacht, „nicht nachweisbar" ist. Nur dann kann man
von einem Geist der Gesammtheit reden, „der noch verschieden ist von allen zu derselben gehörenden einzelnen Geistern,
und der sie alle beherrscht" (Bd. I S. 9), nur dann von einem
objectiven Geiste, von welchem das Thun der einzelnen Geister
„nicht so sehr Ursache als vielmehr Erfolg" ist (Bd. III
S. 56).

Lazarus glaubt die Substanz des Gesammtgeistes durch „den
Begriff des Subjects als einer bestimmten Einheit" ersetzen zu
können (I S. 28), welches einheitliche Subject dann zugleich als
„der Quell aller innern und höheren Thätigkeit" betrachtet werden soll (I S. 7). Soll jedoch mit „Subject" hier mehr gesagt
sein als ein bloss grammatikalisches Subject (zu welchem ich auch
„die Summe der Atome im Weltenraum" zusammenfassen kann,
um etwas von ihnen zu prädiciren), so bleibt mir unerfindlich,
wie von einem einheitlichen Subject der Thätigkeiten in den
verschiedenen Individuen die Rede sein könne, ohne zugleich den
vielen individuellen Thätigkeitssubjecten in gewisser Hinsicht eine
substantielle Identität, eine metaphysische Einheit des
Wesens zuzuschreiben, also doch wiederum in ihnen eine als
ihr „inneres Band", als einendes Princip gegebene identische
Substanz, mit einem Worte eine Gesammtseele hinzustellen, so
dass dann in der That nicht mehr „die blosse Summe aller
individuellen Geister das substantielle Wesen des Volksgeistes"
wäre (vgl. I S. 28—29). Jedenfalls kann ein Subject als bestimmte
Einheit nicht dadurch gewonnen werden, dass man dasjenige her-

aushebt, was an der inneren Thätigkeit der Individuen Gleiches,
Uebereinstimmendes und Gemeinsames ist (I, 29); denn abgesehen davon, dass hierbei das originelle Wirken des Genies nicht
mitbefasst ist, gewinnt man an diesem Gemeinsamen oder Allgemeinen doch nichts weiter als eine subjective Abstraction, welche
nimmermehr das Prius der Einzelnen sein kann, und welche,
weit entfernt eine reale Einheit zu repräsentiren, nicht über
die logische Gleichheit hinauskommt. Auch wird an diesem
Verhältniss gar nichts geändert, wenn das subjective Bewusstsein dieser Gleichheit in den Individuen erwacht (I, 37): denn
jene Abstraction der Gleichheit kann wohl dadurch, dass sie als
Inhalt in's Bewusstsein tritt, wie jeder andre Begriff als Motiv
wirksam werden, aber sie bleibt doch immer Abstraction, und der
ganze Process bleibt auf subjectivem und individuellem Gebiet. Jedoch „die individuelle Natur ist oft genug eine Schranke,
aber niemals der positive Grund der Wirksamkeit für das Allgemeine" (II, 415 Anm.). Wenn wir zum wahren Begriff des Gesammtgeistes kommen wollen, so ist es unerlässlich von dem Gegensatz zwischen Einzelnen und Allgemeinen abzugehn, und
zu dem Gegensatz zwischen Einzelnem und Gesammtheit, zwischen Theil und Ganzem überzugehen (vgl. III, 408). Diess
ist aber nur möglich, wenn wir den Versuch aufgeben, durch Her-
ausheben der gleichen Momente oder des Gemeinsamen zum Ziele
zu kommen; denn diess führt immer nur zum abstract Allgemeinen, nie zur realen Einheit des Ganzen. „Nicht auf der Gleichheit der Eigenschaft oder Gleichmässigkeit der Wirkung aller
Theile, sondern im Gegentheil neben, und was nicht minder gewiss ist, durch die Verschiedenheit der Theile und die Mannigfaltigkeit ihrer Tkätigkeiten besteht die Einheit des Organischen, welcher die Einheit der Individuen im Gesammtgeist wohl
am nächsten verwandt sein wird" (II, 413). Im Organismus tritt
„die Vielheit und Mannichfaltigkeit der Theile als Einheit in die
Erscheinung", und „das Subject dieser Gesammtwirkung" ist jetzt
das Ganze; „die Thätigkeit geschieht in allen Theilen und durch
sie, diess aber nicht, indem sie als einzelne Individuen oder als
Atome, sondern indem sie als Theile des Ganzen, als Glieder
der Gesammtheit, indem sie zusammengefasst und ineinandergrei-
fend als — Einheit wirken" (II, 413). Hier haben wir allerdings

eine reale Einheit, nämlich erstens die des Zusammenwirkens
und zweitens die des Aufeinanderwirkens. Indessen ist es der
Individualpsychologie niemals eingefallen, diese beiden Einheiten
unter Menschen zu leugnen; nur sind sie für sich allein, wie jedem einleuchten muss, nicht der Art, um von einem Gesammtgeiste als einheitlichem Subjecte reden zu können, um über den
Horizont der Individualpsychologie hinübergreifen zu müssen.
Wenn z. B. zwei Menschen sich prügeln, so besteht unzweifelhaft sowohl die Einheit des Zusammenwirkens als die Einheit der
Wechselwirkung, da jeder den andern schlägt, weil der andre ihn
schlägt; gleichwohl gehen die hier vorkommenden psychischen
Thätigkeiten in keiner Weise über den Kreis der Individualpsychologie hinaus und begründen nicht die Annahme eines einheitlichen Subjects. Freilich wird man sagen, diess ist kein organisches Zusammenwirken, und so fragt sich, was für Einheiten
im Organismus zu den beiden genannten noch hinzukommen.
Es sind aber erstens die Einheit des Ortes oder die räumliche
Continuität und zweitens die Einheit des Zweckes. Die räumliche Continuität ist bei der Verbindung von Menschen nicht möglich, wohl aber die Einheit des Zweckes. Wenn indessen eine
Anzahl Spaziergänger gemeinsam dieselbe Strasse nach demselben
Vergnügungsorte wandern, so ist Einheit des Zweckes vorhanden,
und doch kann man nicht wie bei einem Organismus von Einheit
des Subjects sprechen, da in diesem Beispiel das Ganze nur die
Summe der Einzelnen und die Einzelnen das Prius des Ganzen
sind. Im Organismus aber spricht man nur deshalb von Einheit
des Subjects, weil „logisch, zeitlich und psychologisch die Gesammtheit den Einzelnen vorangeht", weil nur „in der Gesammtheit sich das Einzelne entwickelt und findet" (II, 419).
Nur weil im Organismus die Einheit des Zweckes waltet,
und man doch den einzelnen Zellen im Baume nicht bewusste
Zweckthätigkeit zuschreiben kann, nur weil man dadurch genöthigt ist, ein zweckthätig waltendes, also (wenn auch unbewusst)
psychisches Princip im Organismus anzunehmen, nur deshalb
und aus keinem andern Grunde erscheint der Organismus als
einheitliches Subject, da sein Wirken die substantielle Identität
des in allen seinen Theilen die naturgesetzlichen Vorgänge be-

herrschenden Princips documentirt. *) Nur dann, wenn wir auch
in den menschlichen Individuen das herrschende Walten eines in
allen identischen realen Princips nachweisen können, nur dann
können wir von einem Gesammtgeiste als ein heitlichem Subjecte reden, das dann aber auch zugleich eine in allen Individuen identische Substanz ist. Nur unter dieser Voraussetzung kann man von der menschlichen Gemeinschaft behaupten, dass „logisch, zeitlich und psychologisch die Gesammtheit
den Einzelnen vorangeht" (II, 419), dass sie das Prius der
Einzelnen ist, dass „die Gesammtheit es ist, welche die Ziele
stellt", dass „der zwecksetzende Geist des Menschen nur in
der Gesammtheit lebt und besteht" (III, 20), dass „aus dem gegebenen Allgemeinen das Einzelne entspringt", und dass „der
Process des Allgemeinen es ist, der sich im Einzelnen vollzieht"
(II, 435). Kann man keine solche in allen Individuen identische
Substanz nachweisen, so kann auch nicht von einem realen einheitlichen Subject gesprochen werden, so sind alle Einheiten, die
man zwischen den Individuen aufzeigen mag, durchaus nur Folgen und Wirkungen, nicht Bedingungen der individuellen
Thätigkeiten, nur objectivirte Subjectivität, also ein Posterius,
nicht ein Prius des individuell Subjectiven.

Lazarus unterscheidet dieses Posterius und Prius des Subjectiven sehr wohl, aber durch scheinbare Uebergänge zwischen
denselben lässt er sich bewegen, beide Extreme unter den gemeinsamen Namen des „objectiven Geistes" zusammenzufassen, was
mir nicht empfehlenswerth scheinen will. Es steht nämlich auf
der einen Seite als reines äusserliches Produkt der bewussten subjectiven Geistesthätigkeit der „objectiv gewordene", „objectivirte" oder „verkörperte" Geist, ein Inhalt geistigen Schaffens,

---

*) „Je höher wir in der Stufenfolge der Wesen heraufsteigen", um so mehr
treten die früheren, niederen, allgemeineren Gesetze, ohne dass ihre Geltung beeinträchtigt wird, „in den Dienst der besonderen Gesetze" (III, 94). „Wohl
waltet in den Dingen, in Natur und Geschichte, eine gesetzmässige mechanische Causalität; es ist diess jedoch nur eine, d. h eine von den mehreren Arten, wie die Dinge mit einander verknüpft sind. Die höchste aber dieser Arten der Verknüpfung ist die durch die Ideen, ... von welcher die mechanische
Causalität in den Dienst genommen wird" (III, 399—400). Die Idee aber kann
nur wirken als (wenn auch unbewusster) Gedanke eines Wesens, einer psychischen
Substanz (III, 445—7).

welcher, losgelöst von seiner Erzeugungsthätigkeit, in einen todten Stoff gegossen ist, und diesen derart geistig durchhaucht und formell modificirt hat, dass dem neu herzutretenden subjectiven Geiste an diesem Stoff sofort das geistige Gepräge erkennbar wird. Es ist also, noch genauer bezeichnet, ein Niederschlag oder caput mortuum vergangener Geistesthätigkeit, und in Gegenwart faktisch nichts als geformter Stoff. Hierher gehören „Kunstwerke, Dokumente, Schriften, Bauten aller Art, zum Verbrauch bestimmte Erzeugnisse der Industrie", so wie alle Werkzeuge und Maschinen (vgl. III, S. 53—55). Letztere wirken bei richtiger Anwendnug unmittelbar fortzeugend, erstere nur mittelbar als Muster, Vorbild, Belehrung, Antrieb. Auf der andern Seite steht „der in dem geistigen Leben (der Einzelnen wie der Gesammtheit) als wesentlicher Inhalt und leitende Form lebende und dasselbe constituirende Gedanke" (wobei mit Gedanke zugleich Willensact und Gefühlsweise verbunden zu denken ist — III, 55); „die einzelnen Geister sind nicht die Schöpfer, sondern nur die Träger des objectiven Geistes" (in dieser letzten und höchsten Gestalt): „sie erzeugen ihn nicht, sie erhalten ihn nur; ihr geistiges Thun ist nicht so sehr Ursache als vielmehr Erfolg desselben" (III, 56). Wenn wir also für die erste Seite den Namen des objectivirten Geistes, für die letzte den des Gesammtgeistes festhalten; so werden wir die scheinbaren Vermittlungsstufen zwischen beiden immer darauf hin zu prüfen haben, ob sie ein Posterius oder ein Prius der subjectiven Thätigkeit sind. Bei den politischen und socialen Institutionen ist ersteres keinem Zweifel unterworfen: auch sie sind ein Niederschlag vergangener Geistesthätigkeit, nur dass der Stoff, in welchem dieselbe ihr Siegel abgedrückt hat, die Formen des menschlichen Zusammenlebens selbst sind. Wir werden diese Institutionen also unbedenklich zum objectivirten Geist zu rechnen haben, unbeschadet dessen, dass ihr Bildungsprocess noch immer im Flusse ist, d. h. dass immer neue Acte an denselben modeln. Der Volkscharakter und der psychophysische Typus einer Gemeinschaft könnten eher der Betrachtung Schwierigkeiten darzubieten scheinen. Indessen werden wir einen Theil desselben sofort aus dem Gegenstande unsrer Betrachtung auszusondern haben, insofern er nämlich durch natürliche (geographische, klimatische etc.) Ursachen bedingt worden ist, da er nach dieser Richtung weder Ursache noch Wirkung von Geist, sondern eben Naturproduct ist, und höchstens von einer Accommodation des Geistes an die natürlichen Verhältnisse die Rede sein kann. Zum grossen Theil wird aber auch Volks-Typus und -Charakter wirklich Resultat eines geistigen Processes sein, indem die Wiederkehr ähnlicher Handlungsweisen für die Zukunft bestimmend wird, sei es nun dass man diesen Einfluss der Erinnerung und Gewohnheit auf einen spiritualistischen Process zwischen Vorstellungen oder auf materielle Aenderungen in der Hirnsubstanz zurückführen wolle. Jedenfalls muss diese durch frühere Geistesthätigkeit erzeugte Inclination zur bevorzugenden Erzeugung gewisser Arten von Vorstellungsreihen zum objectivirten Geiste gerechnet werden. Man sieht aber zugleich, dass hierbei sowohl die erste Entstehung jener die Zukunft beeinflussenden Geistesthätigkeiten als auch gewisse spätere Modificationen unerklärt bleiben, wenn nicht ausserdem jenseit aller Thätigkeit eine diese Eigenthümlichkeiten ursprünglich mitbedingende Anlage vorausgesetzt wird, eine Bedingung die vor allem individuellen Handeln liegt, und somit dem eigentlichen Gesammtgeist zuzuschreiben ist (vgl. Lazarus „Ueber den Ursprung der Sitten"). Man sieht also, dass die scheinbaren Vermittlungsstufen sich auf beide Seiten, das Prius und das Posterius der subjectiven Geistenthätigkeit vertheilen, und als wirkliches Vermittelungsglied zwischen diesen beiden bleibt eben nichts weiter als die gegenwärtige individuelle Geistesthätigkeit; diese aber gehört, wenn irgend etwas, dem Individuum an.

Die Frage steht also nunmehr so: Existirt ein Gesammtgeist als absolutes Prius der individuellen Thätigkeit, welcher diese, und durch sie den objectivirten Geist bestimmt? Wo nicht, so ist auch der objectivirte Geist nur ein Produkt der durch die Individualpsychologie zu erschöpfenden individuellen Geistesthätigkeit. Existirt ein solcher Gesammtgeist wirklich, so ist sein (durch individuelle Thätigkeit vermittelter) Niederschlag im objectivirten Geist eines der wichtigsten und charakteristischten Zeugnisse für seine Beschaffenheit; existirt er nicht, so muss man bei den Bemühungen der Individualpsychologie beharren, auch den objectivirten Geist aus dem Zusammenwirken, der Wechselwirkung

und den Beziehungen der Individuen, ihrer Individualcharaktere
und subjectiven Eigenschaften, zu erklären. —
In den Gebilden des objectivirten Geistes erkennen wir die
Verwirklichung von Ideen (vgl. Bd. III „Ueber die Ideen in der
Geschichte"). Lazarus unterscheidet Ideen der Anschauung
und der Gestaltung (III, 436 — 7). Erstere werden durch
Verarbeitung des Erfahrungsinhalts gewonnen, letztere sind das
bestimmende Prius der ihnen entsprechenden gegenständlichen
Verwirklichung. Wenn wir 'durch Vorstellungsreihen und Begriffe
das Verhalten eines Dinges unter den verschiedenen möglichen
Verhältnissen zu fixiren suchen, so giebt die Idee des Dinges
nicht bloss die Summe aller dieser das Verhalten des Dinges
erschöpfenden Vorstellungsreihen und Begriffe, sondern sie giebt
mehr als diess und doch in einfacher, nicht abstracter Gestalt,
sie giebt die adäquate Vorstellung des realen Wesens, welches
dem mannigfachen Verhalten des Dinges bei den wechselnden
Umständen zu Grunde liegt (III, 452), so dass mit der Idee
implicite alle möglichen Verhaltungsweisen des Dinges mitgedacht
sind. (Ob die Idee in diesem Sinne vom Bewusstsein adäquat
oder nur approximativ zu erreichen ist, ist eine besondere Frage).
Es ist so zunächst eine Idee der Anschauung gewonnen, indem aber als Correlat derselben ein reales Wesen gefasst wird,
dessen Eigenthümlichkeit und Existenz als bestimmender Grund
für alle möglichen Verhaltungsweisen des Dinges betrachtet werden muss, so stellt sich sofort diese Idee zugleich als Idee der
Gestaltung in dem Dinge dar. Umgekehrt treten die Ideen
der historischen Gestaltung nur höchst unvollkommen als mehr
oder minder klare motivirende Vorstellungen, Gefühle oder Begriffe in's Bewusstsein (III, 469), und sie „in der psychologischen
Form der Idee" zum Bewusstsein zu erheben, bleibt „fast überall
Sache der Schule"; d. h. aber: die Ideen der Gestaltung kommen
als Ideen auch nur a posteriori durch Betrachtung der aus der
Gestaltung hervorgegangenen Resultate, also als Ideen der Anschauung ins Bewusstsein. So ist jede Idee Idee der Gestaltung, und es ist ihr gewissermaassen zufällig, ob sie für das subjective Bewusstsein Idee der Anschauung wird oder nicht; dieser
Unterschied betrifft nicht die Sache sondern nur den (apriorischen
oder aposteriorischen) Modus der Apperception. Zugleich ist

festzuhalten, dass jede Idee der Gestaltung als Idee jenseit des
Bewusstseins liegt (III, 424), und nur in inadäquater Weise in
dasselbe hineinscheint (III, 466), — oder man muss, wenn man
diess bestreiten will, objective Ideen der Gestaltung überhaupt
leugnen, und das, was man dafür halten könnte, als subjective,
aus unvollkommenen Anfängen allmählich sich herausbildende Pro-
duktionen der Individuen ansehen. Löst man aber einmal die Idee
der Gestaltung, wie man gezwungen ist, von der Bedingung des
Bewusstseins los, so hat es auch nichts Ueberraschendes mehr,
in den bewusstlosen Dingen Ideen der Gestaltung anzunehmen,
vorausgesetzt dass man den Dingen nicht jeden psychischen Character abspricht. Dass wir in dem Organismus ein psychisches
Princip annehmen müssen, ist schon oben gezeigt worden, und
wir werden mithin nicht Anstand nehmen dürfen, die aus dem
Zweck jedes Organismus folgenden Typus und Functionen als
seine Idee der Gestaltung anzusprechen. Auch Lazarus hält
an der allgemeinen Lehre fest: „dass die Zwecke objective Gedanken sind, welche den Dingen zu Grunde liegen, dass sie
Ideen sind, welche in der Natur zur Erscheinung kommen, dass
sie als thätige Principien die Bewegung und Gestaltung
der realen Welt leiten" (III, 445). Ueberall wo wir also objectiven Zwecken begegnen, werden wir dieselben ebenfalls als Ideen
der Gestaltung ansehen müssen, die freilich nur als (unbewusste)
Gedanken einer psychischen Substanz zu denken sind. Aber selbst
noch tiefer in das Reich des scheinbar todten Mechanismus hin-
absteigend, begegnen wir der Idee der Gestaltung als der herrschenden Macht, welche die Qualität der Dinge bestimmt. Setzen
wir z. B. das Wesen eines Atoms in die Gravitation nach dem
Newtonschen Gesetz, so ist Annäherung zwischen sich und allen
anderen Atomen die Tendenz dieses Atoms. Seine Wirksamkeit
ist erst der Ausdruck oder die Folge seiner Tendenz, das Atom
muss die Tendenz der Anziehung haben, bevor letztere wirklich
erfolgen kann. Die Tendenz ist aber keine unbestimmte, sondern
Tendenz der Anziehung, und zwar nach diesem Gesetz; denn
sonst könnte das Resultat der Tendenz gerade so gut Abstossung,
oder Anziehung nach einem andern Gesetz sein. Bevor mithin
die Gravitation real erscheinen kann, muss sie ideal in der Ten-

denz des Atoms enthalten sein, d. h. aber als Idee, und zwar als
Idee der Gestaltung.

Nach alledem ist die Ansicht nicht aufrecht zu erhalten, dass
die Ideen der Gestaltung ausschliesslich ästhetischen oder ethi-
schen Inhalts seien; sie sind ebensowohl natürlichen Inhalts (Na-
turideen).

Es tritt die Frage nach der Begründung der objectiven Existenz der Ideen nunmehr mit vollem Gewicht an uns heran. Die
Berufung auf die objective Wahrheit der sittlichen Ideen (III, 475)
dürfte hierzu schwerlich genügen; denn abgesehen davon, dass
diese doch nur einen Theil der Ideenwelt ausmachen, kann von
Wahrheit im gewöhnlichen Sinne bei den Ideen der Gestaltung
gar nicht die Rede sein, da sie ihren Gegenstand wohl selbst
sich schaffen sollen, die Wahrheit aber in Uebereinstimmung der
Vorstellung mit dem vorhandenen Gegenstande beruht. Eine Wahrheit in anderm Sinne kann aber wiederum nichts für die Objectivität
beweisen. — Nun sind aber in der That die Anforderungen des Er-
klärungsbedürfnisses, welche zur Annahme der Ideen führen, so
dringend, und die Versuche, die Processe der Gestaltung bloss
aus mechanischen Naturgesetzen und subjectiven individualpsy-
chologischen Vorgängen zu erklären, so überaus ungenügend, dass
wohl jeder gern sich der Annahme der Ideen zuwenden würde,
wenn er nicht zwischen der Alternative stände, entweder die
Ideen als mythische Wesen in der Luft herumflattern zu lassen,
oder aber über die psychische Substanz in Verlegenheit zu kommen, deren Gedanken sie sein sollen. Da wir auf die erstere Annahme keine Rücksicht zu nehmen brauchen, so stehen wir wiederum vor derselben Schwierigkeit, von der wir ausgingen, nämlich vor der klaren Bestimmung der Substanz, deren Gedanken
die Ideen, deren Resultat der objectivirte Geist ist, jener Substanz, die wir als Gesammtgeist bezeichneten.

Die Ideen sind nicht Gesetze des Handelns, sondern Vor-
bilder des Geschehens, deren Wirksamkeit auf der Motivation
beruht (III, 474) d. h. darauf, dass sie neben andern Motiven als
Motive auf den Willen wirken, während die Resultante der Begeh-
rungen sich nach den logischen Gesetzen der Motivation bestimmt.
Hier ist nun zu bemerken, dass der Grad der Deutlichkeit, Klarheit und Vollständigkeit, mit welcher die Ideen in's Bewusstsein

7*

getreten sind, keinen wesentlichen Einfluss auf die Stärke ihrer
Motivationskraft hat (III, 467), sondern dass letztere von einer
dem Bewusstsein sich entziehenden Eigenschaft des Charakters
abhängt. Wenn also in Zeiten höherer Cultur die Wissenschaft
und Schule *a posteriori* aus dem objectivirten Geist die Ideen der
Gestaltung, welche in ihm wirksam gewesen sind, als Ideen der
Anschauung entwickelt, so wird trotz dieser ungleich klareren Vor-
führung der Idee vor das Bewusstsein die Motivationskraft derselben nicht gestärkt im Vergleich mit jenen ursprünglichen dumpfen Bewusstseinsresonanzen, sondern sie ist in Zeiten des Verfalls nur ein Mittel seiner Beschleunigung, weil sie der zersetzen-
den Kritik Handhaben bietet. Hieraus ist abzunehmen, dass nur
die aus dem Unbewussten quellenden und *a priori* in's Bewusstsein hereinscheinenden Ideen Motivationskraft haben, die *a posteriori* aus der Erfahrung construirte Idee aber als solche der Motivationskraft völlig entbehrt, und dieselbe nur insofern zu besitzen
scheint, als sie eine Reproduction der Idee aus dem Unbewussten veranlasst. Nur die letztere ist es, die durch das sie
begleitende Gefühl die ihr innewohnende Energie ankündet
(III, 467), während erstere ein an sich todtes Wissen ist. Andrerseits aber hilft das klare Bewusstwerden der Idee die Ziele
klarer stellen, und erleichtert daher bei ungeschwächter Energie
der unbewussten Idee die Arbeit der Geschichte ebenso, als es
dieselbe sicherer macht, insoweit schädlicher Irrthum dabei ver-
mieden wird, weshalb auch der Satz ganz berechtigt ist: „die objectiven Ideen zu subjectiven, die reinen Ideen zu wirklichen,
die an und für sich seiende absolute Wahrheit zum Inhalt wah-
rer menschlicher Erkenntniss zu machen, das ist die Aufgabe,
das Leben, die Geschichte der Menschheit" (III, 476).

Das Wunderbare an der Sache ist nur das, wie es möglich
ist, dass die objective Idee vermittelst der Handlungen der Individuen auch dann sich auswirkt, wenn sie nur in ganz unadä-
quater Form in's Bewusstsein fällt, oft nur als dumpfes Gefühl,
Ahnung, Scheu, oder gar als unmittelbarer Handlungstrieb, von
dessen Motiven sich das Individuum gar keine, oder bei höherer
Bildung nur eine falsche Rechenschaft zu geben weiss. Es ist
diess Verhalten nur dadurch erklärlich, dass die Idee zwar in der
Seele des Individuums gegenwärtig und wirksam ist, aber doch

nicht in's Bewusstsein fällt, also unbewusst gegenwärtig und
wirksam ist. Die Nöthigung zu dieser Annahme wird noch ge-
stützt, wenn wir erwägen, wie häufig, ja sogar wie meistens die
motivirende Idee andern Motiven entgegenstcht, welche sie überwinden muss, und zwar so, dass die Idee die Zwecke des Allgemeinen und Ganzen, also nicht die des handelnden Individuums, verfolgt, jene anderen zu überwindenden Motive aber gewöhnlich gerade aus der Macht des Egoismus ihre Kraft ziehen.
Wer die Geschichte unter der Kategorie der Entwickelung zu begreifen gewohnt ist, der wird nicht umhin können, zuzugestehn,
dass die Processe, durch welche gewisse Ideen ihre Verwirklichung als objectivirter Geist erhalten haben, in den allerseltensten
Fällen sich so vollzogen haben, dass die Realisirung dieser Ideen
in der Absicht der handelnden Personen gelegen hätte, im Gegentheil wurde in der Regel von den Betheiligten etwas ganz
anderes gewollt, als nachher herauskam, und wenn wirklich in
gewissen Fällen einige wenige von den Betheiligten etwas dem
Resultate Aehnliches anstrebten, so waren ihre Widersacher um
so eifriger um das Gegentheil bemüht, und halfen häufig gerade
durch diese ihre entgegengesetzten Bestrebungen am kräftigsten
zur Verwirklichung der Idee. So bewahrheiten sich in der Geschichte die Worte, dass die Götter mit Blindheit schlagen, wen
sie verderben wollen, dass aber dem, den Gott lieb hat, alle Dinge
zum Besten gereichen müssen.

Wenn eine historische Entwickelung existiren soll, so muss
in der That noch etwas ganz andres als die bewusste Absicht
der Einzelnen oder die zufällige Combination der einzelnen Handlungen im Verborgenen mitwirken, jener „weitreichende Blick, der
schon von ferne entdeckt, wo diese regellos schweifende Freiheit
am Bande der Nothwendigkeit geleitet wird und die selbstsüchtigen Zwecke des Einzelnen bewusstlos zur Vollführung des Ganzen ausschlagen" (Schiller Bd. VII S. 29—30). „Die Thätigkeit
der Einzelnen ist in Bezug auf die Absicht, die sie leitet, auf
den Zweck, zu dem sie hinführt, eine schlechthin individuelle;
das eigene (subjective) Bewusstsein von dieser Thätigkeit enthält
keine Beziehung auf die Gesammtheit; jeder thut unmittelbar, was
er thut, nur für sich. Gleichwohl bilden alle Einzelnen — auch
ohne Wissen und Wollen — durch ihre Arbeit eine Einheit.

Erkannt also wird diese Einheit nur von einem höheren Standpunkt, als derjenige ist, auf welchem eben die Einzelnen stehen;
aber dennoch ist diese Einheit nicht ein bloss subjectiver
Gedanke des Betrachtenden, sondern sie besteht durch wirkliche,
concrete, oft einflussreiche causale Beziehungen, welche objectiv
in dem Thun der Einzelnen sich kundgeben, nur dass sie dem
Bewusstsein derselben ebenso, wie ihrer Absicht und ihrem
Zweck sich entziehen" (Lazar. Zeitschr. III, 22). Und trotzdem
„lebt und besteht der zwecksetzende Geist des Menschen nur
in der Gesammtheit" (III, 20). Wie ist es möglich, dass diese
meine That, — sei sie nun das Werk meiner Freiheit, oder das
Product meines Characters und der auf ihn wirkenden Motive, wie
ist es möglich, frage ich, dass diese meine That, während sie be-
wussterweise diess bezweckt und sich für das geeignete Mittel
zu diesem Zweck hält, zugleich unbewussterweise jenes bezweckt,
und sich für das richtige Mittel zu jenem unbewussten, dem
Zwecke des Bewusstseins entgegengesetzten Zwecke hält? Wie
ist diess anders möglich, als dass das Bewusstsein irrt, und die
unbewusste Idee nicht irrt, aber auch zugleich mit der näheren
Bestimmung, dass das Bewusstsein sich in der Weise irrt, das
seinen Zwecken Schädliche und den entgegengesetzten unbewussten Zwecken Dienliche für das seinen Zwecken Nützliche zu halten, ein Irrthum, der stark nach einer verblendenden List des
Unbewussten schmeckt.*) Schelling drückt diess (Werke Abth. I
Bd. 3 S. 594) so aus: „Durch die Freiheit selbst, und indem ich
frei zu handeln glaube, soll bewusstlos, d. h. ohne mein Zuthun,
entstehen, was ich nicht beabsichtigte; oder anders ausgedrückt:
der bewussten, also jener freibestimmenden Thätigkeit .... soll
eine bewusstlose entgegenstehn, durch welche der uneingeschränk-
testen Aeusserung der Freiheit unerachtet Etwas ganz unwillkür-
lich und vielleicht wider den Willen des Handelnden entsteht,
was er selbst nie hätte realisiren können. Dieser Satz, so para-
dox er auch scheinen möchte, ist doch nichts andres als der tran-
scendentale Ausdruck des allgemein angenommenen und voraus-

---

*) Nicht bloss die Geschichte, auch „die Natur ist listig, doch zu gutem
Ziele; am besten ist's ihre List nicht zu merken" (Göthe); so z. B. in der Geschlechtsliebe, dem Ehrgeiz und andern Trieben.

gesetzten Verhältnisses der Freiheit zur Nothwendigkeit, die bald
Schicksal, bald Vorsehung genannt wird, ohne dass bei dem einen
oder dem andern etwas deutliches gedacht würde, jenes Verhältnisses, kraft dessen Menschen durch ihr freies Handeln selbst,
und doch wider ihren Willen, Ursache von Etwas werden müssen, was sie nie gewollt, oder Kraft dessen umgekehrt Etwas
misslingen und zu Schanden werden muss, was sie durch Freiheit und mit Anstrengung aller ihrer Kräfte gewollt haben." Hegel acceptirt diese Anschauungsweise. Und in der That ist sie
die einzige, welche das empirisch vorliegende Paradoxon nach
psychologischen Gesetzen erklärbar macht.*) Indessen wenn auch
mit derselben die formale Möglichkeit eines Handelns zu unbewusstem Zwecke gegeben ist, wenn auch die Ideen der Gestaltung in der unbewussten Psyche des Individuums die Substanz
haben, deren Gedanken sie sind, so bleibt doch zunächst noch
völlig unverständlich, wie das Individuum dazu kommt, in seiner
unbewussten Thätigkeit in völliger Selbstverleugnung ausschliesslich für das Ganze und Allgemeine übereinstimmend
zu wirken, und bleibt auf der andern Seite diese unbewusste
Wirksamkeit eine schlechthin individuelle, so lange die
unbewusste Psyche des einen Individuums von der des andern
substantiell verschieden und getrennt ist, so dass wir bisher noch
immer keinen Gesammtgeist und keine von der Individualpsychologie getrennte Gesammtpsychologie erreicht haben.

„Die Vermuthung aber ist ebenso unbedenklich wie unab-
weislich, dass dort, wo alle Fäden der Causalität in der Welt
und alle Ketten der Teleologie mit ihren letzten Enden zusammenlaufen, auch der Ort ist, an dem die objectiven Ideen gedacht werden müssen" (III, 481). Die wunderbar harmonische
Uebereinstimmung in der unbewussten Zweckthätigkeit der in
ihren bewussten Absichten sich so wild durchkreuzenden Individuen wäre rein unbegreiflich ohne einen geheimen Zusammenhang
der Individuen nach der Seite ihres Unbewussten; wir können
uns aber von einer Communication der Geister ausser durch
sinnliche Mittel, welche wieder das Bewusstsein voraussetzen, gar

---

*) Vgl „Philosophie des Unbewussten" Abschn. B, Cap. X, „Das Unbewusste
in der Geschichte".

keine andre Vorstellung bilden, als die einer Identität der Substanz, auf welche auch die absolute Identität der unbewussten Ideen (der Gestaltung) in allen Individuen hinweist. Die Verschiedenheit der Bewusstseine und Selbstbewusstseine kann gegen diese Identität der unbewussten Psyche so wenig ein Einwand sein wie die Verschiedenheit der Organismen; denn das Bewusstwerden ist ein Process zwischen unbewusster Geistesfunction einerseits und Hirnfunction andrerseits, so dass durch Verschiedenheit der Gehirne allein schon die Verschiedenheit der Bewusstseine bedingt ist. Wie aber die Seele eines Wasser-Regenwurms als Eine identische und ganze in jedem seiner Ringe waltet, auch dann noch, wenn dieselben zerschnitten sich zu zehn neuen Regenwürmern entwickelt haben, — wie die Seele eines Bienen- oder Termitenstaates als Eine identische und ganze in jeder zugehörigen Biene oder Ameise wohnt, so waltet auch die unbewusste Psyche der Menschheit in jedem Individuum als Eine identische und ganze, die sich in den Characteren der Personal-Individuen oder Volks-Individuen nur in verschiedenen Farbenstrahlen bricht. Man kann also in demselben Sinne und mit demselben Recht von Volksgeistern und Volksseelen, wie von Individualgeistern und Individualseelen sprechen, ohne durch die eine oder die andre Vielheit der Einheit des All-Einen unbewussten Wesens zu nahe zu treten; denn von diesem All-einen Unbewussten ist die Menschheitsseele, eine gewisse Volksseele oder eine gewisse Individualseele nur ein Functionencomplex (Strahlenbündel von Ideen der Gestaltung), welcher dadurch individualisirt ist, dass er sich auf die in der Gesammtschöpfung relativ individuell zu nennende Menschheit oder Volk oder einzelnen Menschen bezieht. Man hat nur dabei festzuhalten, dass verschiedene Volksgeister oder Volksseelen ebenso wenig substantiell verschieden sind, wie verschiedene Individualseelen, sondern dass ihre Substanz nur eine ist, der absolute Gesammtgeist oder das All-Eine Unbewusste.

Nun endlich haben wir einen wahrhaften Gesammtgeist gewonnen, der in den Ideen der Gestaltung sich manifestirt, und diese, vermittelt durch das motivirte Handeln der Individuen, im objectivirten Geiste dauernd verwirklicht, einen Gesammtgeist, dessen Substanz zwar keineswegs bloss die Summe

der Individuen, sondern deren wahrhaftes Prius ist, aber doch
bloss in den Individuen seine Wirklichkeit (weil Wirksamkeit) hat. Diese Auffassung des Individuums, welche freilich
erst in einer eingehenden Untersuchung sowohl der Begriffe „Individualität" und „Individuation" als auch des Wesens des Unbewussten ihre nähere Begründung finden kann, entfernt sich
allerdings wesentlich von der starren Atomisirung der einfachen
Realen in der Herbartischen Metaphysik, und nähert sich vielmehr von diesem Monadologismus aus dem Schelling-Hegel-
Schopenhauer'schen Monismus. So führt die Völkerpsychologie
wider Willen ihres vorläufig noch näher an Herbart stehenden
Urhebers, in ihren Consequenzen zu einer Vereinigung jener
beiden berechtigten Seiten der deutschen Speculation, welche
ebensosehr dem einheitlichen Gesammtgeist als den einzelnen Individuen die ihnen gebührende Stelle im System zukommen lässt,
während der Monadologismus den ersteren, der Monismus die
letzteren zu Gunsten der anderen Seite zurücksetzt.

Sechste Abhandlung.

Ueber die Lebenskraft.

In früheren Zeiten, als die Naturwissenschaften noch nicht ihr Licht über den Zusammenhang der Erscheinungen auf unorganischem und organischem Gebiete verbreitet hatten, fand man wohl Vertreter zweier extremer Auffassungen der Lebenserscheinungen: die Einen nahmen an, dass alle Gesetze und Kräfte der unorganischen Stoffe bei ihrem Eintritt in einen lebenden Organismus ausser Kraft gesetzt oder suspendirt und durch eine besondere Lebenskraft ersetzt würden, oder dass erstere doch bloss insoweit innerhalb des Organismus Bestand und Wirksamkeit behielten, als die Lebenskraft es ihnen erlaubte. Die Anderen nahmen an, dass zwischen den organischen und unorganischen Naturprocessen überhaupt gar kein Unterschied existire, dass also dieselben Kräfte auf beiden Gebieten auf dieselbe Weise wirksam seien und die specifische Differenz der Lebenserscheinungen von den unorganischen nur in der Einbildung der Menschen bestehe. Beide Extreme sind heute überwundene Standpunkte. Kein Vitalist wagt heute mehr zu leugnen, dass die unorganischen Kräfte und Gesetze in den Organismen fortbestehen, kein Materialist bestreitet den specifischen Unterschied zwischen unorganischen Vorgängen und vitalen Functionen. Der Gegensatz beider Ansichten stellt sich nunmehr so: die Vitalisten behaupten, dass eine zu den unorganischen Kräften neu hinzutretende Lebenskraft die Ursache des Unterschieds beider Gebiete sei; die Gegner der Lebenskraft aber glauben denselben ausschliesslich durch eine bestimmte und

eigenthümliche Art und Weise des Zusammenwirkens der unorganischen Kräfte bedingt.

Aber auch in dieser Form lässt sich der Gegensatz nach dem
neuesten Stande der Wissenschaften kaum noch aufrecht erhalten,
wenn sich auch noch ältere Forscher finden mögen, welche denselben in dieser Weise vertreten. Wenn nämlich die Lebenskraft
eine besondere, im Organismus neu hinzutretende (also nicht aus
einer Combination unorganischer Kräfte entstandene) Kraft sein
soll, so kann sie entweder als materielle oder als inmaterielle
Kraft gedacht werden. Im ersteren Falle kann sie entweder allen Atomen ohne Ausnahme inhäriren, und nur vor und ausserhalb der Gruppirung zu Organismen latent oder verborgen bleiben, oder sie kann an wenigen bestimmten Atomen (Centralmo-
naden) haften, von denen je eines aus der Keimscheibe des Ei's
heraus wirkend einen Organismus sich anbildet und beherrscht,
oder sie kann mit einem nicht näher zu bestimmenden, entweder
den ganzen Organismus oder auch nur gewisse Theile desselben
durchdringenden, continuirlichen, unwägbaren Fluidum verbunden
sein. Im ersten Fall ist die Latenz der Kraft etwas sehr Unver-
ständliches; denn entweder tritt die Kraft erst in einem Organismus, also nach Entstehung desselben hervor, dann bleibt die
Hauptschwierigkeit, diese Entstehung selbst, ungelöst; oder aber
sie ist es, welche die Verhältnisse zu seiner Entstehung herbeiführt, dann ist nicht einzusehen, weshalb sie nur an so wenigen
Punkten und so selten aus ihrer Latenz hervortritt, statt überall
und zu allen Zeiten eine reichliche generatio aequivoca wuchern
zu lassen, die doch nirgends in der Gegenwart gefunden worden
ist. Noch unbegreiflicher wäre aber bei dieser atomistischen Zersplitterung der Lebenskraft ein planmässiges, einheitliches Wirken derselben aus den vielen Atomen eines Organismus heraus
(wer ein solches leugnet, muss die Lebenskraft auch leugnen).
Das einheitliche Wirken der Lebenskraft ist bei der zweiten und
dritten Annahme zwar gewahrt, aber diese selbst sind durch
den Fortschritt der Wissenschaft in die Rumpelkammer verwiesen.
Das Suchen nach dem Centralatom im Gehirn hat man nachgerade aufgegeben, seitdem man die durchgehende Anwendung
des Princips der Arbeitstheilung auch im Gehirn erkannt hat.
Das unwägbare Fluidum aber, welches als feinerer Inhalt des

Bluts, als Nervengeist, oder als Actherleib u. dgl. lange Zeit in
den Köpfen der Physiologen und Philosophen spukte, ist mit der
physikalischen Theorie von den unwägbaren Flüssigkeiten überhaupt sanftselig entschlummert, seitdem alle Erscheinungen, welche
früher auf solche Hypothesen bezogen wurden, als Schwingungs-
erscheinungen erkannt sind. Wenn es heute noch verdienstvolle
ältere Naturforscher giebt, welche die Seele ganz harmlos als ein
der unwägbaren Flüssigkeit der Electricität oder des Lichts ähn-
liches Fluidum betrachten, so kann man solche Curiositäten ge-
trost, ohne sie zu bekämpfen, aussterben lassen.

Man sieht also, dass es mit der Hypothese einer materiellen
Lebenskraft sehr schlecht steht, und dass man, wenn man eine im
Organismus zu den unorganischen Atomkräften hinzukommende
besondere Kraft aufrecht erhalten will, es aufgeben muss, dieselbe
für materieller Natur zu erklären.

Aus dieser Unhaltbarkeit aller Hypothesen einer materiellen
Lebenskraft erklärt es sich auch, dass in neuerer Zeit die Gegner der Lebenskraft so viel Terrain gewonnen haben. Und in
der That, will man die Eigenthümlichkeit der vitalen Functionen
durch eine materielle Kraft characterisiren, so wird man aufhören
müssen, in dieser eine ursprüngliche Kraft zu suchen, und
dazu übergehen, sie als abgeleitete Kraft, d. h. als eine durch
eine eigenthümliche Combination der unorganischen Atomkräfte
bedingte Wirkungsweise derselben zu betrachten. Diese Theorie hat am besten dargestellt der berühmte Physiologe und Philosoph Lotze in seiner allgemeinen Physiologie des körperlichen
Lebens (Leipzig 1851, S. 96 ff.). Die eigenthümlichen Kräfte des
Lebendigen sind ihm nicht Ausflüsse einer besonderen Lebenskraft, „nicht einfache Kräfte, sondern Fähigkeiten zu Leistungen,
die aus der besonderen Art der Verknüpfung vieler Massentheilchen zu einem zusammengehörigen System hervorgehen." Wenn sie aber in ihrer Eigenthümlichkeit nur durch die
Art der Verknüpfung der unorganischen Kräfte bedingt sind und
nur aus ihr hervorgehen, so sind diese „gegebenen Verhältnisse, in denen die Bestandtheile des Körpers stehen", das, worin
wir eben „das Organische des Organismus," d. h. seine specifische Differenz vom Unorganischen zu sehen haben. Wenn „die
Anordnung der Umstände allein das ist, worin die Macht

des Lebens beruht, und durch welche es sich unter den äusseren
Einflüssen nicht nur zu erhalten, sondern das Aeussere selbst seinen Zwecken zu unterwerfen versteht" (a. a. O. S. 103), so spitzt
sich das Problem zu der Frage zu: „welches ist die Ursache
von dieser Anordnung der Umstände und der gegebenen Verhältnisse?" Wenn Lotze von der Macht und den Zwecken des „Lebens" spricht, so ist dies so lange eine blosse Phrase, als nicht
erklärt ist, was hier unter „Leben" verstanden sei, ob mit diesem
Worte ein Princip bezeichnet werden solle, welches befähigt sei,
erstens sich Zwecke zu setzen, zweitens die geeigneten Mittel zu
denselben zu wählen, und drittens diese Mittel durch Herbeifüh-
rung einer ganz bestimmten Anordnung der Molecule zu verwirklichen. Hat das „Leben" diese dreifache Fähigkeit, so haben wir
an demselben in der That ein kräftiges Princip, das sowohl
nach den bisherigen Erörterungen nicht mehr materiell gedacht
werden kann, als auch wegen seiner Fähigkeit, Zwecke zu setzen
und Mittel zu wählen, ideal, oder spiritualistisch, oder psychisch
gefasst werden muss. Oder aber Lotze leugnet die Existenz und
den Einfluss eines solchen Princips auf die vitalen Functionen,
dann muss er den oben angeführten Satz für eine nichtssagende
und irreleitende Phrase erklären, und muss sich zu der alsdann
allein übrig bleibenden zweiten Antwort auf die Frage nach der
Ursache jener bestimmten Anordnung der Umstände entscheiden,
zu der, welche die reinen Materialisten geben: die blinde Nothwendigkeit des Zufalls war es, welcher dereinst zum ersten Male
die Umstände so gruppirte, dass aus den Atomkräften jene vitalen Leistungen resultirten, und diese Umstände waren zufälliger-
weise sogar so beschaffen, dass die aus ihnen resultirenden vitalen Functionen nach den unorganischen Naturgesetzen (trotz aller
äusseren und inneren Störungen) immer auf's Neue derartige Umstände aus sich reproduciren mussten, dass den vitalen Functionen ihr Fortbestand bis heute gesichert blieb.

Nun erst haben wir den Gegensatz in der modernen Fassung
als eine dritte Formulirung desselben zu den zwei Eingangs angeführten: auf der einen Seite ein zweckmässig wirkendes immaterielles Princip, welches die fragliche Anordnung der Umstände
herbeiführt und dauernd aufrecht erhält, auf der andern Seite ein
einmaliger Zufall der Urzeugung, und zwar solch' überaus merk-

würdiger Zufall, dass die aus ihm resultirenden combinirten Functionen die Aufhebung dieser fraglichen Umstandsanordnung dauernd
ausschliessen. Ist der Zufall der Urzeugung nicht bloss einmal,
sondern öfters eingetreten, so ist es um so merkwürdiger, dass
er stets in einer Weise eintrat, welcher die Dauer seiner Producte in sich schloss. So bedenklich diese Zufallstheorie auch
schon deshalb sein muss, weil bei den zahllosen denkbaren Umstandscombinationen eine ausserordentlich geringe apriorische
Wahrscheinlichkeit für das Eintreten der geforderten vorhanden
war, so ist dieselbe doch nur dann überhaupt haltbar, wenn die
Thier- und Pflanzen-Physiologie im Stande ist nachzuweisen, dass
wenn einmal durch jenen Urzeugungszufall organisches Leben
in irgend einer der uns bekannten Gestalten geschaffen war, die
so gegebenen Umstandscombinationen wirklich ausreichten,
um mit alleiniger Hülfe der unorganischen materiellen Kräfte sich
selbst und dadurch den vitalen Functionen ihren Fortbestand zu
sichern.

Dies ist aber die Physiologie thatsächlich nicht zu zeigen
im Stande; im Gegentheil muss sie einräumen, dass in den Atomkräften und deren uns bekannten Combinationen bis jetzt nirgends
die Ursachen zu entdecken gewesen seien, welche erstens die
fraglichen Umstandsanordnungen den unaufhörlich auf dieselben
eindringenden Störungen gegenüber aufrecht erhalten und
zweitens solche Abänderungen dieser Umstandscombinationen
bewirken, welche nicht nur den einmal vorhandenen Organismus zu den höheren Entwickelungsstufen seines Lebens
führen, nicht nur vor Ablauf seiner Lebensfähigkeit den Fortbestand der Organisation durch Zeugung neuer Keime sichern,
sondern auch durch variirende Zeugung zur Ausbildung immer höherer Thier- und Pflanzentypen führen. So lange
die Physiologie ebenso wenig im Stande ist, uns diese Ursachen
nachzuweisen, wie sie es mit der Ursache der Urzeugung vermag, werden wir genöthigt sein, beide Arten von Ursachen als
analoge aufzufassen, also entweder in beiden ein immaterielles
nach Zwecken wirkendes Princip oder in beiden ein Spiel des
Zufalls zu erkennen. Hier zeigt sich nun aber die Ungeheuer-
lichkeit der materialistischen Theorie. Denn einmal oder einige
Mal lässt man sich ein so schon höchst merkwürdiges Zufallsspiel

noch gefallen, wenn aber dasselbe immer von Neuem, ja sogar in jedem Augenblicke wiederkehren müsste, um Bestand, Fortpflanzung und steigende Entwickelung der Organisation zu erklären, so wird die Wahrscheinlichkeit dieser Zufallscombinationen so verschwindend klein, dass sie keine wissenschaftliche Beachtung mehr verdient.

Hiernach bleibt nach dem gegenwärtigen Stand unserer Kenntnisse die andere Annahme eines immateriellen nach Zwecken wirkenden Princips als die einzig mögliche übrig, wenn wir die berechtigte Frage nach der Ursache jener eigenthümlichen Umstandscombinationen nicht in unwissenschaftlicher Weise abschneiden wollen. Wir haben festzuhalten, dass dieses Princip n i c h t m a t e r i e l l e r N a t u r, d. h. nicht an bestimmte Atome oder Materien gebunden sein kann; wir wissen andererseits aus der eignen unmittelbaren Erfahrung, dass es seine Thätigkeit o h n e B e t h e i l i g u n g d e s B e w u s s t s e i n s übt und doch mit wunderbarer Voraussicht bei Entstehung, Fortbildung und Erhaltung des Organismus in jedem Moment einen solchen Einfluss auf' die Anordnung der Massentheilchen im Körper übt, dass die unorganischen Molecularkräfte durch diese so herbeigeführten Umstände ihren eigenen Gesetzen gemäss in einer solchen Weise sich zu bethätigen genöthigt sind, dass die ganze Combination als das augenblicklich angemessenste Mittel für den Zweck des Lebens erscheint.

Wir stehen also vor dem Problem eines b e w u s s t l o s w i r k e n d e n P r i n c i p s, dessen W e i s h e i t in der zweckmässigen Einrichtung der Organismen und Abwendung von Störungen gleichwohl in immer höherem Grade unsere Bewunderung erweckt, je mehr wir in das Wirken desselben Einblick gewinnen. Wenn es in der Z w e c k s e t z u n g mit unserer bewussten Willkür übereinstimmt, so muss doch die A r t seiner Thätigkeit wegen der Unbewusstheit sowohl der Zwecke als der Mittel eine grundverschiedene sein, und vielmehr dem I n s t i n c t verwandt sein, welcher ebenfalls nicht in's Bewusstsein fallende Zwecke, aber doch noch mit bewussten Mitteln verfolgt. Wenn wegen der näheren Untersuchung dieses unbewusst-psychischen Agens auf die „Philosophie des Unbewussten" verwiesen werden muss, so können .wir doch schon aus den hier angestellten Betrachtungen das Re-

sultat ziehen, dass die sogenannte Lebenskraft allerdings als ein
über der Materie waltendes und die Gruppirung ihrer Massentheilchen den Zwecken des Lebens gemäss beeinflussendes
Princip existirt, dass aber der aus früherer Zeit überkommene
Name „Lebenskraft" keine passende Bezeichnung für das
Wesen desselben ist, da eine blosse Kraft immer gleichförmig
nach bestimmtem Schema wirkt, und niemals eines Zweck-
setzens und einer Wahl der Mittel fähig ist, während der Einfluss dieses psychischen Princips auf die Anordnung der Umstände ein jedesmal anderer und stets nach Zweckmässigkeits-
rücksichten bestimmter ist.

Siebente Abhandlung.

Dynamismus und Atomismus.

(Kant, Ulrici, Fechner.)

Es giebt keinen Dynamismus, der die Kräfte, aus welchen er die Materie construirt, als etwas schlechthin Allgemeines und Continuirliches ohne jede individualisirende Discretion hinzustellen wagte; — es giebt keinen Atomismus, dem nicht an seinen Atomen für das reelle Erklärungsbedürfniss die Kräfte die Hauptsache wären. Jeder Dynamismus ist mehr oder minder atomisirend, jeder Atomismus mehr oder minder dynamisch; jeder von beiden ist es um so mehr, je besser er sich selbst versteht, und je schärfer er sich fasst. Hieraus eröffnet sich die Perspective, dass Dynamisten und Atomisten dahin kommen müssen, sich in einem dynamischen Atomismus oder atomistischen Dynamismus zu vereinigen. Wenn alle Philosophen so mathematisch gebildet wären wie Leibniz und alle Physiker und Mathematiker so philosophische Köpfe wie ein Ampère, Cauchy und Moigno, so wäre diese Vereinigung eine längst vollendete Thatsache.

I. Kant.

Als den Vater des modernen Dynamismus kann man Kant bezeichnen. Das Motiv seiner Aufstellungen lag wohl in dem Widerwillen gegen die *actio in distans*, mindestens in Bezug auf die abstossenden Kräfte, und er glaubte dieselbe dadurch zu umgehen, dass er die Abstossungs-Kräfte den Raum continuirlich erfüllen liess und alle Wirkungen unter ihnen als Berührungs-

8

wirkungen darstellte. Wenn aber die Abstossung nur durch
gegenseitige Berührung, durch unmittelbares einander-Stossen und
Drücken erfolgen soll, so muss, folgerte Kant, die Abstossungskraft in den ausschliesslich auf einander wirkenden Oberflächen
ihren Sitz haben, d. h. sie muss eine Flächenkraft sein. Die
Vorstellung Kants ist also die, dass der Körper (z. B. eine Gas-
art) sich aus Raumelementen von solchen stereometrischen Gestalten zusammensetzt, dass zwischen den sich berührenden Oberflächen nirgends eine Lücke bleibt (etwa wie elastisch gedachte
Bienenzellen in einem Bienenkorbe). Wird der Körper zusam-
mengedrückt, so werden sämmtliche Raumelemente auf einen enge-
ren Raum eingeschränkt, also auch die Oberfläche eines jeden
verkleinert; mit der Verkleinerung der Oberfläche wächst aber
die Flächenkraft der Abstossung. — Nun frage ich aber: wenn
die Abstossungskraft nur in der Oberfläche des Raumelements
wohnt, was ist dann in seinem Inhalt? Doch wohl der per-
horrescirte leere Raum! Dann aber ist die continuirliche Raumerfüllung durch die Materie wiederum Täuschung, und wenn man
sich doch einmal dieser Täuschung entschlagen, den leeren Raum
statuiren und die Kräfte doch allemal in einer solchen Beziehung
zum Raum denken muss, dass sie keinen Raum (zu welchem doch
drei Dimensionen gehören) einnehmen, so erscheint es doch jedenfalls natürlicher, bequemer für die Rechnung und übereinstim-
mender mit der Wirkungsweise der Anziehungskraft, die Abstossungskräfte nicht in den Oberflächen fest abgegrenzter Raumelemente, sondern in den Centris ihrer (nunmehr völlig unabgegrenz-
ten) Wirkungssphären localisirt zu denken. — Schliesslich erweist sich Kant's Flächenkraft doch nur als eine rohe Uebertra-
gung der sinnlichen Thatsache in's metaphysische Gebiet, dass
ich mir den Kopf an der Wand erst stosse, wenn ich sie zu berühren glaube.

Wenn man die Dichtigkeit der Materie, welche der Zusam-
menpressung auf Null-Raum (die Kant wegen des unendlich gross
werdenden Widerstandes für unmöglich erklärt) unmittelbar vor-
hergeht, mit der ungeheuren Zerstreuung vergleicht, welche die
Materie in den gasförmigen Nebelflecken oder den Kometenschwei-
fen oder gar dem Aether im Weltenraum zeigt, so zeigen sich
für die Mittelpunktsentfernungen zweier benachbarter Raumele-

mente, innerhalb deren wir die Abstossungskraft noch wirksam
sehen, die Grenzen als so weit gesteckt, dass man über die
Theorie der Flächenkraft immer mehr stutzig werden muss. Dazu
kommt noch, dass Kant selbst das Gesetz der Veränderung der
Kraftstärke durch eine Function der Entfernung der Mittelpunkte
der Raumelemente auszudrücken versucht, und mit wahrhaft be-
wunderungswürdiger Divination das umgekehrte Verhältniss der
Kuben der Entfernungen als solches bezeichnet (allerdings zunächst nur für unendlich kleine Entfernungen, vgl. Kant's Werke
von Rosenkranz, V. S. 375).

Aber so schnell giebt Kant nicht nach, und er bestreitet
meine Folgerung, dass innerhalb der Flächenkraft leerer Raum
sein müsse. Leider jedoch verwickelt er sich dabei in Widersprüche, die er selbst einräumen muss. Aus den beiden Annahmen, dass die Abstossung eine nur in unmittelbarer Berührung
wirkende Kraft sei, und dass die Materie den Raum continuirlich
erfüllen müsse, folgert er nämlich (V. S. 353), dass zwischen je
2 Punkten A und a erst ein dritter, C, gedacht werden müsse,
durch welchen die Abstossung zwischen A und a vermittelt gedacht werden müsse, weil er sowohl A als auch a näher sei, als
diese sich unter einander. Derselbe Schluss würde sich aber
zwischen A und C mit dem dazwischen liegenden Punkt D wiederholen und in derselben Weise bis in's Unendliche wiederkehren müssen. Nun stehen wir aber vor folgender Alternative: entweder sind auf der endlichen Strecke zwischen A und a nur eine
endliche Zahl von repulsiven Raumelementen anzutreffen, dann
hat aber auch jedes derselben eine endliche Grösse, also auch
einen leeren Raum in sich (bei Annahme einer Oberflächen-
kraft) oder um sich (bei Annahme einer Centralkraft), oder es
wird auf dieser Strecke eine unendliche Anzahl unendlich
kleiner Raumelemente angenommen, und dabei der doppelte
Widerspruch begangen: 1) das unendlich kleine Raumelement mit
dem schlechthin ausdehnungslosen Punkt zu identificiren, da nur
in letzterem, nicht in ersterem, Centrum, Inhalt und Oberfläche
wahrhaft zusammenfällt, und 2) eine real bestehende unendliche
Anzahl, eine vollendete Unendlichkeit als bestehend zu setzen,
einen Begriff, den Kant selbst (S. 357 Z. 3—4) ausdrücklich per-
horrescirt. Wenn wirklich Oberfläche und Inhalt mit dem Cen-

8 *

trum zusammenfiele, so wäre schon jedenfalls keine Compression
mehr möglich, und eine Ausdehnung nur durch Herstellung leerer
Innenräume. Demnach erweist sich eine continuirliche Erfüllung des Raums durch Flächenkräfte als eben so unmöglich,
wie die durch punktuelle Atome (Kraftcentra). Kant räumt die
Unlösbarkeit dieses Dilemma's ein, glaubt aber demselben durch
die Berufung auf die Nichtrealität des Raumes zu entschlüpfen
(S. 356—7), – was ein grosser Irrthum ist; denn durch dieses
Hinüberspielen auf das subjective Gebiet wird die Sache nur
schlimmer, da der Widerspruch immer noch eher im Reiche des
Seins als im Reiche des Denkens erträglich wäre. Die Rettung
aus diesen Widersprüchen ist nur dadurch zu gewinnen, dass man
die Hypothesen fallen lässt, welche sie erzeugt haben, nämlich
die Continuität der Raumerfüllung und die Oberflächenkräfte, und
dass man statt derselben die Kräfte als discrete Kraftcentra betrachtet, die den Raum nicht durch ihre substantielle Existenz,
sondern nur durch das Widerspiel ihrer Wirkungen, der Kraftäusserungen, erfüllen. Nur dann gewinnt man eine scharfe mathematische Anschauung einer elementaren Kraftwirkung, wenn
man dieselbe als gerade Linie denkt; eine gerade Linie aber
braucht zwei mathematische Punkte, um bestimmt zu sein;
der eine Punkt giebt an, woher die Kraft wirkt, der andere wo-
hin sie wirkt. Der Punkt, woher die Kraft wirkt, wird dadurch
bestimmt, dass man die verschiedenen (als Radien der Wirkungssphäre gedachten) Richtungslinien der Kraftwirkungen nach rückwärts verfolgt und ihren gemeinsamen Durchschnittspunkt bestimmt. — Dass Kant von Kräften sprach, welche als Flächenkräfte ihrer Raumelemente zu betrachten seien, bewiess, dass er
das Bedürfniss fühlte, die Kraft zu individualisiren; dass
er diese Raumelemente so lange verkleinern wollte, bis die Flächenkräfte mit Centralkräften gleich zu setzen seien, bewies ferner, dass er das Bedürfniss fühlte, bei jeder Kraftwirkung auf den
mathematischen Punkt zur Bestimmung der Richtung zurück-
zugehen Aber das Vorurtheil von der continuirlichen Raumerfüllung schlug seine Forschungen mit Unfruchtbarkeit und Widersprüchen.

II. Ulrici.

Der neueste Vertreter eines modificirten Kantischen Dynamismus ist Ulrici. Er hält die Annahme von der Continuität der Raumerfüllung, sowie von der Unmöglichkeit einer *actio in distans* fest, verwirft aber Kants unendliche Kleinheit der Elemente, und sucht der Leere innerhalb der endlich grossen Kräfte dadurch zu entgehen, dass er den eigentlichen Ort oder Sitz der Kraft zwar in das Centrum des betreffenden Raumelements verlegt, aber doch annimmt, dass die Kraft durch die Wirkunssphäre ihrer Widerstandskraft eine bestimmte Grösse und Gestalt habe. (Vgl. „Natur und Gott", 2. Aufl. S. 467 und 470 Z. 19—22.) Hiermit sind die nicht hoch genug anzuschlagenden Vortheile erreicht: 1) dass die Richtung der Kraftwirkungen und die Entfernung der Kraftsitze von einander durch mathematische Punkte bestimmt sind, und 2) dass die Kraft sich in d i s c r e t e, an Raumpunkte gebundene Kraftwesen von e n d l i c h e m Abstande unter einander besondert hat. Ulrici selbst nennt diese Kraftwesen Atome, wobei nur zu bemerken, dass nach seiner Ansicht ein Atom schon als Verbindung mehrerer verschiedenartiger Kräfte in einem Raumpunkt zu fassen ist.

Sehen wir nun, wie diese Atome sich zu der Leugnung der *actio in distans* verhalten. — Ulrici sagt (S. 488—9): „Ja selbst einander berührende Atome können zwar wohl, wenn sie auf einander treffen, sich gegenseitig abstossen, nicht aber unmittelbar eine anziehende Wirkung auf einander ausüben, weil damit doch jedes derselben das ihm gesetzte Maass der Ausdehnung durchbrechen, seine bestimmte Grösse überschreiten würde. . . . Sind nichts desto weniger dem Stoffe g e w i s s e A n z i e h u n g s k r ä f t e beizulegen, d. h. verbinden sich mit der Widerstandskraft noch andere positive, nach aussen gerichtete Kräfte, so muss nothwendig ein M e d i u m angenommen werden, das, n i c h t a t o m i s t i s c h g e b r o c h e n, sondern in sich selbst schlechthin c o n t i n u i r l i c h, die Wirkung eines Atoms (Körpers) auf das andere vermittelt, sie von einem zum andern s e l b s t t h ä t i g ü b e r t r ä g t." Die gewissen Anziehungskräfte, welche den Atomen noch ausser der Widerstandskraft zukommen, sind aber nach Ulrici: Gravitation, Adhäsion, Cohäsion, chemische Affinität, Elektricität, Magnetismus,

Lebenskraft u. s. w. Alle diese muss eine continuirliche, alle
Atome durchdringende Kraft zu einer Wirkung auf einander erst
dadurch befähigen, dass sie dieselben von einem Atom (Körper)
zum andern selbstthätig überträgt. Man kann kein unumwunde-
neres Geständniss verlangen, dass mit diesen Kraftcentren schlechterdings ohne *actio in distans* nichts zu machen ist. Denn was
soll man sich dabei denken, wenn Kräfte, die an sich impotent,
d. h. kraftlos sind, dadurch wirksam werden, wenn sie durch eine
neue Kraft, welche sie, die für einander undurchdringlichen,
durchdringt, von einem Atom auf's andre übertragen werden,
dabei aber doch ihren Ort, das Kraftcentrum, nicht verlassen
dürfen? Jenes alles durchdringende Kraftmedium ist ja schlimmer als ein *deus ex machina*, da es gerade das leisten soll, was
die atomistischen Voraussetzungen Ulrici's zu leisten sich unfähig
erwiesen, nämlich das Aufeinanderwirken erklüren. Wenn aber
doch dieser *deus ex machina* erst die eigentliche Erklärung für
alle Arten des Aufeinanderwirkens bildet, dann kann er auch
gleich die ganze Function allein übernehmen, d. h. dann erscheint
die ganze Hypothese der an sich wirkungsunfähigen Atomkräfte als
überflüssig, und das unatomistische Medium tritt an deren
Stelle, so dass man aus dem atomistisch gebrochenen und han-
tierbaren Dynamismus wieder vollständig in den unberechenbaren
Urbrei jenes alles durchdringenden und die verschiedensten Aufgaben selbstthätig besorgenden continuirlichen Kraftmediums zu-
rückfällt. Wollte man, wie Ulrici zu thun scheint, annehmen,
dass diese Urkraft den Weltenraum nur durch ihre Wirkungssphäre erfüllt, selbst aber (als substantielle Potenz) ebenfalls
punctuell zu fassen sei und ihren Sitz in irgend einem ausdehnungslosen Centrum habe, so würde man wiederum der *actio in
distans* (allgemein ausgedrückt: dem Wirken an einem Orte, wo
die Kraft nicht ist) nicht entgehen und kann dieselbe dann gleich
auf die einzelnen Atome anwenden. Hält man sich auf der andern Seite an die Bezeichnung Medium, und denkt sich dabei,
dass die Kraft als substantielle Existenz den ganzen Raum um-
fasse, durchdringe und continuirlich erfülle, so erklärt man sie
hierdurch für ein Fluidum, dessen alles durchdringende Aus-
strahlung schlechterdings nur als ein wenn auch noch so feiner

Stoff zu denken ist. Hiermit wäre aber das Princip des Dynamismus verlassen. Es kommt zu alledem noch hinzu, dass die Widerstandskraft, welche nach Ulrici als einzige von selbst wirkungsfähige dem Atom verbleiben soll, in der That durch ganz dieselbe Argumentation wie eie Anziehung als von selbst des Wirkens unfähig sich erweist, so dass von allen atomistisch gebrochenen Kräften factisch gar nichts übrig bleibt. Hierzu muss ich etwas weiter ausholen. — Wenn man der Kraft endliche Grösse und Gestalt zuschreibt, so ist dies auf drei Arten zu denken, die scharf auseinander gehalten werden müssen. Erstens kann das stereometrische Raumelement dadurch bestimmt sein, dass die Kraft ihren Sitz an der Oberfläche hat, zweitens dadurch, dass sie das ganze Volumen gleichmässig erfüllt, und drittens dadurch, dass die Kraft vom Mittelpunkt aus wirkt und der Umfang jener Gestalt die Grenzen ihrer Wirkungssphäre bezeichnet. Der erste Fall ist durch die Betrachtung Kant's bereits erledigt. Der zweite Fall giebt eine Anschauung, wonach die Kraft eine durch Hohlmaasse messbare, continuirliche, schon durch ihr blosses Dasein (noch nicht Wirken) den Raum erfüllende, undurchdringliche Substanz von einer bestimmten (u. a. durch Compression veränderlichen) Dichtigkeit wäre; eine solche Substanz wäre aber vielmehr als Stoff, denn als Kraft zu bezeichnen, und man würde nur sagen können, dass die an dieser Substanz wahrgenommenen Kräfte mit dem Stoffe in ihr verbunden seien. (Es macht hierbei keinen Unterschied, ob dieser Stoff innerhalb des Raumelements in Ruhe oder in Bewegung gedacht wird; im Gegentheil wird der in Bewegung gedachte, z. B. als beständig vom Centrum bis an die Peripherie ausstrahlend vorgestellte die neue Schwierigkeit herbeiführen, dass die Bewegung doch an der Peripherie umkehren (reflectiren) muss und dann die nachdrängende stört und aufhebt): Diese Auffassung verfällt aber alsdann dem immanenten Widerspruch alles stofflichen Atomismus; — denn hat das Atom, wenn auch ein schlechthin Kleines, noch irgend eine extensive Grösse, so kann es nicht als ein schlechthin Untheilbares, sondern muss als weiter theilbar gefasst werden, weil es unweigerlich im Begriff jedes extensiven Quantums liegt, dass es als in's Unendliche theilbar gedacht werde. Ich kann Ulrici die dem entgegengestellte Behauptung nicht zugeben, dass irgend eine Qualität die Nothwendigkeit, das Quantum als bis in's Unendliche theilbar zu denken, aufheben könne (S. 447); selbst die reale Theilbarkeit kann durch eine gegebene endliche Qualität nur erschwert, nicht absolut und für jede denkbare Kraft unmöglich gemacht werden. Hiernach werden wir Ulrici's stellenweise Hinneigung zu dieser Auffassung unberücksichtigt lassen und uns an diejenigen Stellen halten müssen, wo er sich deutlich und unumwunden zu der dritten, allein beachtenswerthen Ansicht bekennt (S. 470 Z. 19—25). Denn wenn auch Ulrici's wirkliche Meinung sich bemüht, eine Vereinigung dieser beiden letzten Auffassungen zu sein, so wird doch diese Vereinigung in demselben Maasse unmöglich, als die eine Seite derselben bereits als unzulässig bewiesen ist. — Betrachten wir nun diese dritte Auffassung, wonach die Kraft als subsistirendes (noch nicht wirkendes) Wesen ihren Ort nur an einem mathematischen Punkte, dem Centrum ihrer Wirkungssphäre hat, so erfüllt hier die Kraft das Volumen der ihr eigenthümlich sein sollenden Gestalt nicht durch ihre potentielle Subsistenz, sondern durch ihre actuelle Wirksamkeit. Hiermit stimmt auch Ulrici's auf S. 630 ausgesprochene Ansicht überein, dass wir „nur von der vorgestellten Wirkung aus zur Vorstellung der Kraft kommen", wir also „von der Kraft nur insoweit eine klare Vorstellung haben, als sie in bestimmten Wirkungen sich äussert", wogegen das, „was über die Wirkung hinausliegt, die Kraft rein als solche, als selbstständiges Prius der Wirkung, sich unserer Vorstellung entziehe". Wenn nun jene eigenthümliche Grösse und Gestalt durch die letzten Grenzen bestimmt sein soll, über welche hinaus sich die Wirkungen der Kraft nicht erstrecken können, d. h. an welchen sie = 0 würden, so ergiebt sich sofort, dass zwei mit diesen Grenzen sich berührende Kraftatome einander nicht abstossen können, weil eben beider Abstossungskräfte an diesen Grenzen = 0 sind. Selbst dann, wenn ihre Centra näher an einander rücken, also die Wirkungssphären beider theilweise in einander fallen, selbst dann tritt immer noch keine Abstossung ein, so lange noch das Centrum eines jeden ausserhalb der Wirkungsphäre des andern bleibt. Denn die Wirkungssphäre ist (wenn wir nicht in die bereits erledigte zweite Auffassung zurückfallen wollen) etwas

rein ideales, bloss mögliches, nicht wirkliches; sie bedeutet nur,
dass die Kraft auf eine andere Kraft wirken wird, wenn eine
solche in diesen Bereich eintritt. Die Wirkungssphäre der andern
Kraft hat eine ebenso conditionale Bedeutung; zwei bloss mögliche Dinge aber können unmöglich auf einander wirken. Die
Kraft selbst hat ja auch nach Ulrici ihren Ort nur im Centrum,
also kann Kraft auf Kraft erst wirken, wenn ein Centrum in
die Wirkungssphäre des andern gerathen ist. Aber auch in diesem Falle kann doch die Wirkung auf das Kraftcentrum nicht
von der Wirkungssphäre der andern Kraft, sondern nur von
letzterer selbst, d. h. von ihrem Centrum ausgehen. Da jedoch
die beiden Kraftcentra sich immer noch nicht berühren, so bleibt,
wenn die *actio in distans* unmöglich ist, auch die Abstossung zwischen beiden Kraftcentren unmöglich. Wäre wirklich eine Berührung beider Kraftpunkte möglich, so würde dieselbe mit ihrem
Zusammenfallen identisch sein, also wiederum die Entwickelung einer Abstossungskraft unmöglich machen. Ulrici würde
sich vor dieser Argumentation nur durch einen Rückfall in die
zweite Anschauungsweise schützen können, nach welcher die Atomkraft nicht im Centrum ihren Ort hat, sondern das ganze Volumen ihrer Wirkungssphäre als stoffliche Substanz continuirlich
erfüllt, und wohl gar die Kraft nur als das mechanische Moment
des aus dem Centrum gegen die Peripherie hin ausstrahlenden
Stoffs erscheint. Da wir diesen Fall nicht zu berücksichtigen
brauchen, so bleibt nichts übrig, als dass Ulrici entweder auch
die Abstossung der Atome mit Hülfe einer selbstthätigen Ueber-
tragung der Kraft von einem zum andern durch eine alles durchdringende Kraft erklärt, und damit factisch seine ganze Atomenlehre aufgiebt, nachdem er sämmtlichen Atomkräften jede Wir-
kungsfähigkeit abgesprochen hat, oder aber, dass er sich zur Annahme der *actio in distans* bequemt.

Dass Ulrici nothwendig bei letzterem Resultate anlangen muss,
lässt sich auch auf andere Weise aufzeigen. Er bestimmt die
Grösse und Gestalt eines Atoms nach der Grösse und Gestalt
der Wirkungssphäre seiner „Widerstandskraft“. Was er Widerstandskraft nennt, ist aber ein unklares Gemisch des allen Atomen (Körper- und Aether-Atomen) zukommenden Beharrungs-
vermögens und der nur gewissen Atomen (nämlich den Aether-

Atomen) zukommenden Repulsions- oder Abstossungskraft
(vgl. „Natur und Gott" S. 468. Z. 11—12, S. 471. Z. 20—22, S.
470. Z. 10—13). Die mir hinsichtlich ihrer Berechtigung und ihres
Nutzens unverständlich gebliebene Unterscheidung von intensiver
und extensiver Widerstandskraft bietet für diese Verwirrung keinen Ersatz. Das Beharrungsvermögen oder der Trägheitswider-
stand ist gar keine besondere Kraft, sondern eine Erscheinung, die bei der Wirksamkeit beliebiger anderer (und zwar
ebensowohl anziehender als abstossender) Kräfte durch die Re-
ciprocität der Bewegung hervorgerufen wird (vgl. Kant V, S. 282
—4, 287—9, 409—18); bei dem Beharrungsvermögen kann daher
von Grösse und Gestalt einer Wirkungssphäre gar
nicht die Rede sein. Die Abstossungskraft aber kommt nach
naturwissenschaftlicher Annahme nur den Aetheratomen gegen
Aetheratome oder gegen Körperatome zu, da alle Abstossungs-
wirkungen zwischen Körpern oder Theilen von solchen nur durch
die Repulsionskräfte der eingelagerten Aetheratome vermittelt werden; es kann also die Abstossungskraft, da sie keinenfalls den
Körperatomen untereinander zukommt, auch nicht zur Bestimmung
der Grösse und Gestalt der Wirkungssphäre der Körperatome
gebraucht werden, vielmehr müsste die letztere allein durch Cohäsion, Adhäsion, Affinität, Gravitation u. s. w. bestimmt werden.
Aber selbst dann, wenn wir der naturwissenschaftlichen Annahme
zuwider auch den Körperatomen ebenso wie den Aetheratomen
Abstossungskraft (nicht mehr zu verwechseln mit Beharrungsvermögen) zuschreiben wollten, so würde doch diese nicht mehr
berechtigt sein als jene Anziehungskräfte, die Grösse und Gestalt
des Atoms zu bestimmen, da die Anziehungskräfte nach Ulrici's
Annahmen ja ebenfalls nur innerhalb des Atoms an und für
sich bestehen und ihre Wirkung über die Grenze des Atoms hinaus nur durch das allgemeine Medium übertragen werden kann.
Nun sind aber die Grössen und Gestalten der Wirkungssphären
dieser verschiedenen Kräfte sehr verschieden. Die Affinität und
Abstossungskraft sind nur auf kleinste Entfernungen wahrnehm-
bar, die Adhäsion (z. B. schwimmender leichter Körper an die
Ränder des Gefässes) schon auf ganz merkliche Entfernung, die
Gravitation endlich geht durch den ganzen Weltenraum, soweit
Materie in demselben anzutreffen ist; wir kennen keine Grenze

für ihre Wirkungssphäre. Ulrici muss also bei seiner Annahme von vielen in einem Centrum vereinigten Kräften dem betreffenden Atom für jede besondere Kraft eine andere Grösse und Gestalt zuschreiben, — und zwar für die Gravitation eine unbegrenzte, unendlich grosse. Ein und dasselbe Atom erfüllt also mit seinen verschiedenen Kräften ganz verschiedene Räume, und mit der Gravitation allein schon den unendlichen Raum. Hier ergiebt sich mithin, dass von jedem Körperatome das ausgesagt werden muss, was Ulrici nur von jener hinzukommenden allgemeinen Kraft ausgesagt haben wissen will, dass nämlich seine Wirkungssphäre den ganzen Weltenraum continuirlich erfüllt. Somit macht jedes Körperatom, richtig gefasst, jenen *deus ex machina* überflüssig, und wirkt ebenso gewiss auf ein im unendlichen Raum (d. i. in seiner Wirkungssphäre) befindliches anderes Atom anziehend, als ein abstossendes Atom auf ein in seiner Wirkungssphäre befindliches anderes Atom abstossend wirkt, - freilich in beiden Fällen nur durch *actio in distans*, und in beiden Fällen unbekümmert darum, ob andere Kräfte oder Stoffe oder Medien zwischen ihnen liegen oder nicht.

Wenn wir aber nicht umhin können, jedem Körperatom in Bezug auf die Gravitationskraft eine unbegrenzte Grösse und Gestalt zuzuschreiben und somit die Wirkungssphäre sämmtlicher Körperatome als identisch, als gleich dem Weltenraum zu setzen, so wird der Werth dieser Bestimmungen überhaupt höchst zweifelhaft. Dies ist um so mehr der Fall, wenn wir uns zu einer etwas freieren Anschauung in Betreff der Cohäsion, Affinität etc. erheben, und diese als blosse Erscheinungsformen der allgemeinen Gravitation in einer durch die bestimmte Gruppirung der Atome zu Moleculen und die Anordnung der Molecule bedingten Combinationsform betrachten. Wenn nämlich mehrere Atome in der Weise zu einem Molecule vereinigt sind, dass letzteres nach den verschiedenen Richtungen des Raumes hin verschiedene Durchmesser zeigt, so leuchtet ein, dass in einem solchen Molecule die Combination der Gravitationskräfte seiner Atome nach den verschiedenen Richtungen des Raumes verschiedene Stärke haben muss, also auch zwischen zwei derartigen Moleculen nicht blos Annäherungs-, sondern auch Drehungseffecte durch die Gravitation hervorgerufen werden müssen, bis dieselben nach zahl-

reichen Schwingungen in der durch die zwischen gelagerten Aetheratome gestatteten möglichsten Nähe eine feste Gleichgewichtslage
angenommen haben. Diese Umstände sind aber ausreichend, um
uns von der chemischen Verwandtschaft sowie von den bei chemischen Verbindungen und Zersetzungen stattfindenden Schwin-
gungserscheinungen einen Begriff zu bilden*). Nehmen wir sonach
an, dass die Anziehungsphänomene sich dereinst sämmtlich durch
besondere Combination einfacher Gravitationsacte erklären lassen
werden, so bleibt neben der ins Unendliche gehenden Anziehungskraft nur die Abstossungskraft übrig. Wenn erstere zur Entfernung im umgekehrt quadratischen Verhältnisse steht, so die letztere im umgekehrten Verhältniss einer höheren als der zweiten
Potenz, so dass sie mit wachsender Entfernung unverhältnissmäs-
sig schnell abnimmt. Wenn dem so ist, warum soll sie dann
aber nicht ebenfalls ins Unendliche gehen, da doch schon auf
mässigen Entfernungen ihre Stärke unmerklich klein werden muss?
Es ist schlechterdings kein rationeller Grund zu einer derartigen
absoluten Begrenzung der Wirkungssphäre, noch weit weniger
aber zu einer gerade so und nicht anders bestimmten Fixi-
rung dieser willkürlich eingeführten Constanten abzusehen. So
wenig Jemand behaupten kann, auf die Entfernung von x Meter
höre die Abstossung zwischen gleichnamigen Magnetpolen auf
wirksam zu sein, so wenig kann man behaupten wollen, auf die
Entfernung von x Millimeter höre die Abstossung der Aetheratome
auf, wirksam zu sein.

*) Eine schöne Bestätigung für den Einfluss der krystallographischen Gestalt
der Molecule ist die von G. Rose kürzlich entdeckte Thatsache, dass ein und derselbe chemische Stoff (z. B. Eisenkies und Kobaltglanz) durch blosse Aenderung
der Stellung seiner hemiedrischen Krystallflächen zwei verschiedene Krystall-
formen (beide von parallelflächiger Hemiedrie des regulären Systems) bilden kann,
welche in der thermoelektrischen Spannungsreihe in schrofferem Gegensatz zu
einander stehen als selbst Antimon und Wismuth. Dass Uebergang eines chemisch einfachen oder zusammengesetzten Stoffes aus einem allotropen oder dimorphen Zustand in den andern mit Würme-Bindung oder -Entwickelung verknüpft
ist, und dass demgemäss diese allotropen oder dimorphen Zustände desselben Stoffes verschiedene chemische Verbindungswärmen besitzen, war schon früher bekannt. Da nun aber das Maass der chemischen Verwandtschaft eines Stoffes zu
einem andern neuerdings ausgedrückt wird durch die bei seiner Verbindung mit
demselben freiwerdende oder absorbirtwerdende Würme, so ist klar, dass bei allotropen oder polymorphen Substanzen die chemische Verwandtschaft abhängig ist
von der Gestalt der Molecule in jeder Form der Substanz, woraus sich weiter
schliessen lässt, dass dieselbe auch bei chemisch verschiedenen Elementen das Bestimmende für die Verwandtschaft ist, oder mit andern Worten, dass der chemische Charakter eines Molecules eben sowohl wie seine physikalischen Eigenschaften ausschliesslich abhängt von der Gestalt oder den Lagerungsverhältnissen der
in allen Stoffen identischen Körper- und Aetheratome.

Ist es aber in der That das Natürlichste, die Wirkungssphäre der Abstossungskraft ebenso wie die der Anziehungskraft als unendlich anzunehmen, so verschwindet uns der Ulrici'sche Begriff einer Grösse und Gestalt des Atoms völlig unter den Händen, und wir behalten nichts als das auch von Ulrici statuirte Kraftcentrum, als eine von einem mathematischen Punkt aus positiv oder negativ ins Unendliche wirkende Kraft übrig.

Kehren wir nach diesen Resultaten zu der naturwissenschaftlichen Annahme zurück, dass nur Aetheratome Abstossungskraft, nur Körperatome Anziehungskraft haben, so können wir nunmehr auch Ulrici's Hypothese von der Vereinigung mehrerer Kräfte in einem Centrum entbehren, eine Hypothese, welche jedenfalls sehr missliche Seiten hat, da Ulrici selbst (S. 470) einräumt, dass man, um mehrere Kräfte in einem Centrum verbunden zu denken, jedenfalls eine neue Kraft annehmen müsse, welche sie eint und zusammenhält, — wo sich dann sofort der Gedanke aufdrängt, dass man dann wieder eine Kraft brauchen dürfte, um die einende Kraft mit den geeinten in demselben Atom zusammenzuhalten u. s. f. Aber auch abgesehen davon würden sich die Wirkungen sämmtlicher in einem Atom vereinten anziehenden und abstossenden Kräfte doch stets auf jede Entfernung nur als eine Wirkungsresultante darstellen; diese Resultante aber würde entweder auf alle Entfernungen positiv, oder auf alle Entfernungen negativ, oder auf kleinere Entfernungen negativ, auf grössere positiv ausfallen, und es würde mithin wiederum gar kein Grund mehr vorliegen, mehrere Kräfte statt Einer Kraft zu supponiren, welche im ersteren Falle als positiv, im zweiten als negativ zu denken wäre, im dritten aber als einem solchen Gesetze der Wirksamkeit unterworfen, wonach sie bei einer gewissen Entfernung das Vorzeichen wechselt. Es zeigt sich also in jedem Betracht die Annahme, dass mehrere Kräfte in einem Centrum verbunden seien, als nicht haltbar.

Eben so wenig aber kann ich Ulrici beipflichten, wenn er die Veränderlichkeit der Kraft als solcher behaupten zu müssen glaubt; denn der Uebergang *a potentia ad actum* bei äusserer Ermöglichung des Wirksamwerdens kann eben so wenig wie das Gesetz der Veränderung der Stärke mit der Entfernung eine Veränderung in der Kraft selbst anzeigen, welche viel-

mehr ein für allemal eine solche ist, diese Abänderungen
des Wirkens nach den veränderten Umständen gesetzlich in sich
zu enthalten. Die naturwissenschaftlichen Gründe aber, welche
Ulrici anführt, sind noch weniger stichhaltig. — Ich bestreite
keineswegs etwa die Möglichkeit einer Veränderung der Kraft
als solcher, aber ich bezweifle sie in Hinblick anf das überall
erkennbare Einfachheitsbestreben der Natur in den letzten Elementen, und bestreite vorläufig das Recht, dieselbe zu behaupten,
nach dem Grundsatz: *principia praeter necessitatem non sunt multi-
plicanda.* Obencin könnte doch nur von einer gesetzlichen
Veränderung der Kraft die Rede sein, wenn nicht alle Naturge-
setzlichkeit überhaupt aufhören soll; von der Beschaffenheit solcher die Veränderung der Kraft beherrschenden Gesetze hat aber
Ulrici noch nichts angeben können.

Wir werden also vorläufig an unveränderlichen, einfachen Kraftcentris von in's Unendliche reichender, entweder positiver oder negativer Wirksamkeit festhalten
müssen.

Nun sagt aber Ulrici, die *actio in distans* sei ein innerer Widerspruch, folglich unmöglich, und hätte er darin Recht, so schiene
bei den bisher gewonnenen Anschauungen die ganze Discretion
der Kräfte zusammen zu fallen und uns völlig rathlos stehen zu
lassen. Indessen habe ich niemals begreifen können, wie man
in der *actio in distans* einen Widerspruch hat finden wollen.
Denn man kommt nicht weiter als zu den Sätzen: 1) die Atomkraft ist am Orte A, und wirkt nur dann am Orte A, wenn
sie auf eine andere Atomkraft wirken kann, wo sie dann nicht
bloss diese zu sich hinzieht, sondern ebensowohl sich zu dieser hintreibt; 2) die Atomkraft wirkt am Orte B, und ist nicht
am Orte B. Zu einem Widerspruch gehört aber, dass demselben
Subject dasselbe Prädicat in derselben Beziehung zugleich zu-
gesprochen und abgesprochen wird, während man es hier mit den
verschiedenen Prädicaten: wirken und sein, oder: actuell
sein und potentiell sein, zu thun hat. — Aber sogar gesetzt
den Fall, es läge in der Behauptung, dass die Kraft nicht da sei,
wo sie wirke, ein Widerspruch, so fragt sich doch immer noch,
ob denn diese Behauptung in Bezug auf unsere so eben gewonnenen Resultate in jeder Beziehung begründet zu nennen sei Wir

haben bisher den gemeinsamen Durchschnittspunkt aller Richtungslinien der Kraftwirkungen, das Centrum der Wirkungssphäre
als den Ort oder Sitz der Kraft als substantieller Potenz ange-
sehn, weil dies die bequemste Vorstellungsweise schien; es fragt
sich aber, ob dies nicht eine sinnliche und unphilosophische Ansicht sei. Wir könnten mit demselben, ja mit noch mehr Recht
behaupten, der Ort j e d e r einzelnen Atomkraft sei ihre Wirkungssphäre, d. h. der Weltenraum, in dem dann a l l e Kräfte nicht
u e b e n, sondern in einander wären, und sich nur dadurch von
einander unterschieden und nur dadurch das räumliche Nebeneinander hervorbrächten, dass ihre Wirkungsrichtungen und Wir-
kungsstärke gesetzliche ideelle Beziehung auf verschiedene (beweg-
liche) imaginäre Centra hätten. Bei dieser Anschauung würden
die Kräfte in der That da wirken, wo sie sind, und die sogenannte Annäherung zweier sich anziehenden sogenannten Kraftcentra bestände in Wahrheit nur in einer solchen Aenderung der
Richtungslinien und der Stärke der Kraftwirkungen, dass die ima-
ginären Raumpunkte, auf welche die Richtungen und das Gesetz
der Stärkeveränderung nach der Entfernung ideell bezogen sind,
sich einander genähert zu haben scheinen. — Aber auch diese
Auffassung kann noch in unphilosophischer Weise missdeutet werden. Wenn wir nämlich die Sache so auffassen wollten, dass die
Kräfte als substantielle Potenzen allgegenwärtige räumliche Wesen seien, so würden wir etwas aus der empirisch entwickelten
Anschauung herauslesen, was gar nicht in ihr liegt. Sie sagt
uns nur, dass die Kräfte in sofern im ganzen Weltenraum seien,
als sie in demselben wirken, d. h. sie sind es nur als wirkende,
nur ihre Wirksamkeit ist als räumlich behauptet, von ihrer potentiellen Subsistenz aber gar nichts darin ausgesagt, und
die Frage, ob sie als Kraftwesen (abgesehen von den Orten oder
räumlichen Beziehungen ihrer Wirksamkeit) punctuell oder allge-
genwärtig, hier oder dort, r ä u m l i c h o d e r u n r ä u m l i c h seien,
bleibt zunächst vollständig o f f e n. (Vgl. die oben angeführte
Stelle aus „Natur und Gott" S. 630, wo auch Ulrici dazu hin-
neigt, den Begriff der Kraft als einen transcendenten zu fassen.)
Die Frage wird jedoch schon durch die einfache Betrachtung ihrer
Beantwortung näher geführt, dass die Wirksamkeit der Kraft in's
Unendliche geht (was kein Widerspruch ist), der Sitz des Kraft-

wesens aber nicht ohne den Widerspruch einer wirklich umfassten, vollendeten Unendlichkeit der bloss möglichen Wirkungssphäre gleichgesetzt werden kann. Noch entschiedener werden wir auf die Unräumlichkeit des Kraftwesens hingewiesen, wenn
wir bedenken, dass jede Kraftäusserung Realisirung des idealen Inhalts eines Strebens ist, sich also aus Elementen zusammensetzt, welche an sich unräumlich sind, wohl aber in ihrem
Inhalt unter anderm auch die räumlichen Beziehungen enthalten
können und müssen. Wir werden daher das Wesen der Kraft
mit Entschiedenheit für etwas Nichträumliches, Transcendentes
erklären müssen, womit sofort auch die Vielheit des Wesens
wegfällt, und die sogenannten Atomkräfte nunmehr als indivi-
dualisirte Aeusserungen eines einheitlichen Kraftwesens
gefasst werden müssen. Mit dieser Auffassung, nach welcher alle
Räumlichkeit, also auch Entfernung, nur noch in den atomistisch
gebrochenen Actionen der an sich transcendenten Kraft zu finden ist, fällt natürlich der Begriff der *actio in distans* als ganz
unzutreffend in sich zusammen.

III. Fechner.

Nachdem wir so gesehen haben, zu welchen Resultaten uns
eine kritische Untersuchung des Dynamismus führt, wollen wir
noch einer interessanten Form des Atomismus unsre Aufmerksam-
keit zuwenden, wie dieselbe von Fechner („die physikalische und
philosophische Atomlehre") ausgebildet worden ist. Er stellt in
Cap. II.—IV. die physikalischen und anderen Gründe für die Un-
entbehrlichkeit des Atomismus zusammen. Er giebt zu, dass man
unmöglich bei Atomen als ausgedehnten Massen von endlicher
Grösse stehen bleiben könne, und dass schon die Kraftwirkung
der Anziehnng überhaupt nicht anders denn als Anziehung von
Punkt zu Punkt zu fassen sei (Atomlehre, 1. Auflage, S. 130).
Er fordert deshalb schlechthin ausdehnungslose Atome. Aber
er giebt sich trotzdem der Illusion hin, dass die Atome materiell
oder stofflich seien, und zwar wird er hierzu genöthigt durch seine
versuchte Leugnung des Kraftbegriffs, nach welcher freilich die Atome
nichts mehr wären, wenn sie nicht stofflich wären. Den Begriff
der Kraft aber beseitigt er dadurch, dass er ihn im Begriff des
Gesetzes aufgehen lässt. Die Kraftäusserung, welche sich als

eine stetige Reihe von Bewegungsimpulsen darstellt, will er nicht
als Folge von Kräften, die er für „mythische Wesen" erklärt
(Fichte's Zeitschrift f. Phil. Bd. XXX. 1857 S. 178, vergl. auch
Atomenlehre 1. Aufl. S. 107 ff., 2. Aufl. S. 120 ff.), angesehen wissen, sondern als unmittelbaren Ausfluss des Naturgesetzes. Weil
„die Naturgesetze von der Natur wirklich befolgt werden", daraus schliesst er, dass ihnen auch wirklich Gesetzes-Kraft zu-
komme. Nun ist aber offenbar das Gesetz eine Abstraction, die
wir von der Constanz der Wirkungsweise der Kräfte abgezogen
haben; wenn wir einen allgemeinen Satz als Gesetz aussprechen
(z. B. dass Körper sich im graden Verhältniss ihrer Masse und
im umgekehrt quadratischen Verhältnisse ihrer Entfernungen an-
ziehen), so ist dies nichts weiter als der kurz zusammengefasste
Ausdruck einer sehr grossen Anzahl von Beobachtungen, welcher
eine bestimmte Wirkungsweise der Materie constatirt, von der
uns keine Ausnahme bekannt ist. Diese abstracte Wahrheit aber
hypostasiren zu wollen und in sie die wirkende Ursache der Bewegungsimpulse verlegen zu wollen, das hiesse in der That ein
mythisches Wesen schaffen.

Die allgemeine Wahrheit, welche wir als Gesetz bezeichnen,
lehrt uns nichts weiter, als erstens, dass der metaphysische Grundsatz: „gleiche Ursachen haben gleiche Wirkungen", auch auf diesem speciellen Gebiet, von welchem das Gesetz spricht, sich empirisch ausnahmslos bestätigt hat, zweitens aber die empirische
Thatsache, dass unter den und den Bedingungen die und die Wirkung sich gezeigt hat. Der Rückschluss von den gleichen Wirkungen auf eine sich gleichbleibende Ursache der Bewegung ist
nicht zu umgehen, da die wahrgenommenen Umstände allein nicht
die vollständige Ursache der Erscheinung sein können; diese
sich gleichbleibende Ursache nennt man nun eben die Kraft, die
allerdings ein bloss hypothetisches, darum aber nicht ein mythisches Wesen ist. Auch Fechner kann sich diesem Rückschluss
nicht entziehen und räumt ein (Atomenlehre S. 120), dass die
Bewegung einen Grund haben müsse; er bestreitet nur dieser
Krafturcsache ihre Selbstständigkeit und verlegt sie in das Gesetz
hinein, d. h. er macht abstracte Verhältnisse zum Träger eines
concreten Wesens, während wir das concrete Wesen zum Träger
der abstracten Verhältnisse machen. Zu diesem Resultate kommt

9

auch Ulrici in seiner Kritik dieser Ansichten Fechner's (in „Natur und Gott", 2. Aufl. S. 43—46). Nun gesteht aber auf der andern Seite Fechner doch zu (Zeitschr. XXX. S. 180): „dass alle materiellen Impulse oder gesetzlichen Geschwindigkeitszuwächse in der Natur, wovon das Geschehen darin abhängt, wesentlich i h r e r E n t s t e h u n g n a c h g e b u n d e n sind an geistige oder psychische Impulse, S t r e b u n g e n des ordnenden W e l t g e i s t e s, dass sie, wenn man will, nur zur äussern Erscheinung, zum äussern Ausdruck derselben gehören, wofür übrigens jeder nach seiner Weise beliebig andere Ausdrücke substituiren kann". Allerdings behauptet Fechner, dass die v i e l e n realen Bewegungserscheinungen in ihrer Entstehung doch nur an E i n ideales Wesen gebunden sind; aber diese nähere Bestimmung, in der ich ihm sogar nach dem oben Gesagten beipflichte, kann in Bezug auf die Auffassung der Kraft noch keinen Unterschied begründen, da es zunächst gleichgültig ist, ob die idealen geistigen Strebungen, an welche die Entstehung der realen Bewegungsimpulse gebunden ist, in vielen oder in Einem idealen Wesen (Geiste) vor sich gehen, d. h. ob es viele Kraftwesen oder Ein Kraftwesen giebt, von dem die vielen Kraftäusserungen ausgehen. Hieraus würde man immer noch nicht Fechner's Opposition gegen den Begriff der Kraft begreifen können: dieselbe wird erst verständlich, wenn man in's Auge fasst, wie derselbe bestreitet, dass der Vielheit der realen Bewegungsimpulse eine V i e l h e i t idealer Strebungen entspreche. Nun sollte man es aber a priori vom Standpunkte des Realidealismus für selbstverständlich halten, dass j e d e r gesonderten realen Thätigkeit auch eine besondere ideale Thätigkeit entspreche, und dass Fechner diesen Satz bestreitet, ist nur daraus zu erklären, dass er ideale und b e w u s s t e Thätigkeit als identisch setzt (weil er das wahrhaft Unbewusste nicht kennt) und nun die Beobachtung verallgemeinert, dass einer Mannigfaltigkeit organischer Vorgänge doch nur e i n e einheitliche bewusste Empfindung entspreche. Mit Erkenntniss des Idealen als eines zunächst Unbewussten würde Fechner jeden Grund zu seiner Opposition gegen den Begriff der Kraft verlieren, er würde diese mit seinem strebenden (wollenden) Weltgeist direct ausgesprochen haben.

Aber vielleicht glaubt Fechner, mir ebenso wie Lotze vorwerfen zu dürfen, dass ich den Hauptgesichtspunkt seiner Opposition gegen die dynamische Ansicht verkenne. Er sagt (Zeitschr. XXX. S. 172): „Ich habe meinerseits zugestanden, dass es für die Physik gleichgültig ist, wodurch die dynamische Ansicht den Raum erfüllt sein lässt, ob durch Kraft oder anderswie, sofern sie nur die wesentlichsten Grundforderungen der Physik, Klarheit und Möglichkeit eines Anschlusses an die Thatsachen damit erfüllt; . . aber nicht gleichgültig ist es für die Physik, ob man in Luft, Wasser, Krystallen den Raum in der Art continuirlich erfüllt denkt, wie es in der That alle Dynamiker thun, oder discrete Centra als Bestimmungsgründe der Erscheinungen und Anknüpfungspunkte der Rechnung aufnimmt, welche durch die Leere oder etwas auf die Erscheinungen Einflussloses, mithin für die Physik und ihre Rechnungen nicht Existirendes, getrennt sind.“ Wenn Fechner an dem Standpunkt dieser Erklärung festhielte, so würde ich, da ich in der That discrete Kraftcentra behaupte, nur über einen Punkt mit ihm zu streiten haben, den er selbst für gleichgültig erklärt, — über die Stofflichkeit seiner ausdehnungslosen Atome. Man sollte in der That kaum glauben, dass er auf der Stofflichkeit bestehen könne, wenn er (Atomenlehre 1. Aufl. S. 132) sagt: „Man mag die einfachen Wesen materielle Punkte, punktuelle Intensitäten, substantielle Einheiten, einfache Realen, Monaden nennen, der Name ist gleichgültig.“ Und dennoch kann er sich nicht von dem Stoffe lossagen — weil er sich den einzigen Begriff, unter welchem punctuelle Intensitäten ohne Stoff zu fassen sind, den der Kraft, abgeschnitten hat. Er giebt freilich zu, dass den Atomen eine Menge Eigenschaften fehlen, die den Körpern zukommen, und dass man sie deshalb nicht in demselben Sinne wie die Körper körperlich nennen könne, aber doch insofern, als sie die wesentlichsten Elemente des Körperlichen sind (S. 155), indem sie als Grenze der Zerlegung des palpablen realen Rauminhalts auftreten (S. 132). Sie entsprechen „dem reinsten Begriff des an sich formlosen, doch für jede Form, d. h. für jede Verbindungsweise verfügbaren Stoffes. Auch kommt hiermit unsere Atomistik nur dem Instinct des Sprachgebrauches entgegen, der Materie und Stoff ohnehin in gleicher Bedeutung zu verwenden pflegt“ (S. 142). Fechner tritt mit Entschiedenheit der Philoso-

phie entgegen, welche die Materie aus einem Conflict von Kräften construirt, während er sich die Kraft nur in einem gesetzlichen Bezuge von Materien zu denken vermag (S. 113).
Indem er aber das Atom als eine rein passive stoffliche Masse
denkt, muss er es nothwendig von dem mathematischen Punkte
unterscheiden, und so bestimmt er es als ein unendlich Kleines
unendlicher Ordnung. So soll es noch nicht Nichts sein, sondern
„die letzte Grenze des Seienden in quantitativer Hinsicht
hypostasiren" (S. 138). Ohne auf eine Kritik des „unendlich Klei-
nen unendlicher Ordnung" einzugehn, ist folgende Alternative
klar: entweder dasselbe ist der Ausdehnung nach vom Punkte
unterschieden, und zwar grösser als der Punkt, dann ist es
nicht ausdehnungslos, dann ist es theilbar und nicht Atom,
ist auch kein mathematischer Punkt mehr für die Bestimmung der
Kraftrichtung; oder aber es ist vom Punkte nicht der Ausdehnung
nach verschieden, dann kann es kein stofflich Seiendes sein,
denn dieses hat in Null-Ausdehnung keinen Platz. Im ersten
Falle fällt Fechner in alle Widersprüche der gemeinen Atomistik
zurück, im letzteren Falle kann er die Stofflichkeit oder Materia-
lität der Atome nicht halten, und diese haben nur die Wahl, entweder zu nichte zu werden, oder aber zu Kräften zu werden,
wenn sie etwas bleiben wollen.

Es würde mich freuen, wenn es Fechner mit der Erklärung
Ernst wäre, dass dieser Punkt für den Erfolg gleichgiltig sei;
dann wäre zu hoffen, dass die philosophische Betrachtung der Begriffe Kraft und Gesetz auch ihn noch von der metaphysischen
Nothwendigkeit überzeugen dürfte, die für die Physik gleichgiltige
und werthlose Stofflichkeit der Atome fallen zu lassen und damit
seinen Atomismus zu einem rein und wahrhaft dynamischen zu
erheben, der alsdann mit dem atomistischen Dynamismus identisch
sein würde, zu welchem sich die Ulricische Lehre gestaltet, wenn
man die unhaltbaren Elemente: Grösse und Gestalt der Atome,
die Continuität der Raumerfüllung und den Widerwillen gegen
die Fernwirkung, aus derselben eliminirt.